駿台受験シリーズ

英文読解入門
10題ドリル

田中健一　著

駿台文庫

挿絵／あっこ

は じ め に

この本は「英文を読んで理解できるようになりたい」と願うすべての人のために作りました。

　私の授業では頻繁に「短文和訳」の小テストを実施しています。毎年膨大な数の答案を採点する中で，英語をきちんと読めていない人には共通する特徴があることに気付きました。

　まずは，文の骨格である「主語－動詞」を意識せずに，特に主語の扱いをおろそかにして，なんとなくふわふわと読んでしまっていることです。例えば，次の英文の意味を考えてみてください。毎年春の初回授業で出す問題です。

> To tell the truth, it does not always pay to tell the truth.

次のような誤答がたくさん出てきます。

【誤】「実を言うと，いつも本当のことを言うわけではない」

　主語を発見し，そこに「は／が」を付けるという基本ルールを守ればこの訳にはならないはずです（正しい和訳と解説は 70 ページ）。主語を見つけ，それに対応する（述語）動詞と合わせて「何は［が］どうする」「何は［が］どんなだ」と読むことが英文読解の大切な手順です。本書ではこれを「10 題ドリル」形式で徹底的に練習します。

　次に，「文型」を分析する意味を理解していないケースがあります。本来はあり得ないことなのですが，英文の下に S，V，O，C などの記号を正しく書いているのに完全な誤訳をしてしまう人がいます。例えば，次のような事例です。

> You will find this book easy.
> 　(S)　　(V)　　　(O)　　　(C)
> 【誤】あなたはこの本を簡単に見つけるだろう。

　これは，各文型の「基本訳」を覚えていないことが原因です（正しい和訳と解説は 44 ページ）。これも本書では「10 題ドリル」形式で徹底的に練習します。

　今回も駿台文庫の遠藤和絵さんには最初から最後まで大変お世話になりました。竹岡広信先生からは厳しくも温かいご指摘・ご助言を多数いただきました。また，執筆にあたっては伊藤和夫師をはじめとする，これまでの英語教育を支えてきた偉大な先生方のご著書を参考にさせていただきました。現在の英語教育を支える学校や塾・予備校などの先生方からもたくさん学ばせていただいています。皆様に心から感謝申し上げます。

2020 年 10 月 5 日

田中　健一

本書の使い方

各講の例文と解説をしっかり読んでから，"EXERCISES" に進んでください。

"EXERCISES" を解いていて難しく感じるようであれば，例文と解説をちらちら見ながら解いても結構です。

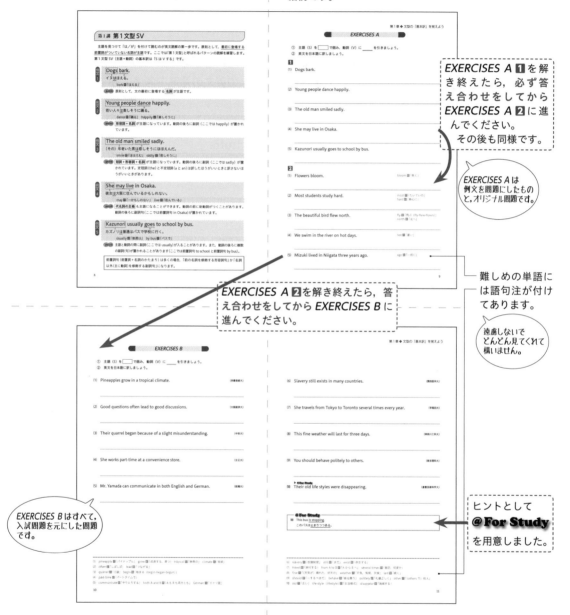

EXERCISES A ①を解き終えたら，必ず答え合わせをしてからEXERCISES A ②に進んでください。その後も同様です。

EXERCISES A は例文を問題にしたものと，オリジナル問題です。

EXERCISES A ②を解き終えたら，答え合わせをしてからEXERCISES B に進んでください。

難しめの単語には語句注が付けてあります。

遠慮しないでどんどん見てくれて構いません。

EXERCISES B はすべて，入試問題を元にした問題です。

ヒントとして @For Study を用意しました。

本書では，まずは型どおりに訳すこと，つまり正確に「直訳」できるようになることを目指しています。よって，正解として提示した訳例は不自然にならない程度の直訳にしています。

型にはめた訳ができるようになってから，より自然な和訳を目指した勉強に進んでください。いわゆる「守破離」の「守」が『英文読解入門10題ドリル』の目標です。

正解していたら赤ペンで大きくマルを付けて心の中で〔やったね！〕と叫ぶと，初めはピンと来なかった英文読解のことが知らないうちに大好きになっていきます。楽しみながら英文読解の勉強を進めていきましょう。

目　　次

第1・2章では「**英語を正確に読むために必要不可欠な15の要点**」を徹底訓練します（合計**300**題）。
第3章は合計**100**題のランダム演習です。

●品詞一覧●

名　詞 (名)	人やもの・ことの名前を表す。 (例) cat, New York, book, soccer
代名詞 (代)	名詞の代わりをする。 (例) I, he, she, this, one
動　詞 (動)	主語の動作や状態を表す。 (例) be, have, come, buy
助動詞 (助)	動詞とともに用い，話し手の判断等を表す。 (例) will, can, should, must
形容詞 (形)	名詞の性質や状態などを説明する。 (例) small, easy, happy, many
副　詞 (副)	動詞，形容詞，副詞，文全体を修飾する。 (例) today, here, very, often
前置詞 (前)	前+名で形容詞句か副詞句をつくる。 (例) about, by, in, of
接続詞 (接)	語と語，句と句，節と節をつなげる。 (例) and, but, if, when
間投詞 (間)	喜怒哀楽や呼びかけなどを表す。 (例) ah, hey, please, well

●本書で用いている記号一覧●

S	主語
V	動詞
O	目的語
C	補語
Vp.p.	動詞の過去分詞
(V)ing	動名詞あるいは現在分詞
(V)原形	原形不定詞
... / ～	省略記号

第 1 章

··

文型の「基本訳」を覚えよう

第1講 第1文型 SV

　主語を見つけて「は／が」を付けて読むのが英文読解の第一歩です。原則として，<u>最初に登場する前置詞がついていない名詞が主語</u>です。ここでは「第1文型」と呼ばれるパターンの読解を練習します。第1文型 SV（主語＋動詞）の基本訳は「**S は V する**」です。

例文 1

Dogs bark.
（S）（V）

イヌはほえる。

> bark 動「ほえる」

point 原則として，文の最初に登場する **名詞** が主語です。

例文 2

Young people dance happily.
（S）　　　（V）

若い人々は楽しそうに踊る。

> dance 動「踊る」　háppily 副「楽しそうに」

point **形容詞＋名詞** が主語になっています。動詞の後ろに副詞（ここでは happily）が置かれています。

例文 3

The old man smiled sadly.
（S）　　　（V）

（その）年老いた男は悲しそうにほほえんだ。

> smile 動「ほほえむ」　sádly 副「悲しそうに」

point **冠詞＋形容詞＋名詞** が主語になっています。動詞の後ろに副詞（ここでは sadly）が置かれています。定冠詞（the）と不定冠詞（a と an）は訳したほうがいいときと訳さないほうがいいときがあります。

例文 4

She may live in Osaka.
（S）　（V）

彼女は大阪に住んでいるかもしれない。

> may 助「…かもしれない」　live 動「住んでいる」

point **代名詞の主格** も主語になることができます。動詞の前に助動詞がつくことがあります。動詞の後ろに副詞句（ここでは前置詞句 in Osaka）が置かれています。

例文 5

Kazunori usually goes to school by bus.
（S）　　　　　（V）

カズノリは普通はバスで学校に行く。

> úsually 副「普通は」　by bus 熟「バスで」

point 主語と動詞の間に副詞（ここでは usually）が入ることがあります。また，動詞の後ろに複数の副詞（句）が置かれることがあります（ここでは前置詞句 to school と前置詞句 by bus）。

> 前置詞句（前置詞＋名詞のかたまり）は多くの場合，「前の名詞を修飾する形容詞句」か「名詞以外（主に動詞）を修飾する副詞句」になります。

EXERCISES A

① 主語（S）を □ で囲み，動詞（V）に ___ を引きましょう。
② 英文を日本語に訳しましょう。

1

(1) Dogs bark.

----

(2) Young people dance happily.

----

(3) The old man smiled sadly.

----

(4) She may live in Osaka.

----

(5) Kazunori usually goes to school by bus.

2

(1) Flowers bloom.

bloom 動「咲く」

----

(2) Most students study hard.

most 形「たいていの」
hard 副「熱心に」

----

(3) The beautiful bird flew north.

fly 動「飛ぶ（fly-flew-flown）」
north 副「北へ」

----

(4) We swim in the river on hot days.

hot 形「暑い」

----

(5) Mizuki lived in Niigata three years ago.

ago 副「…前に」

----

① 主語（S）を [____] で囲み，動詞（V）に ___ を引きましょう。
② 英文を日本語に訳しましょう。

(1) Pineapples grow in a tropical climate. （多摩美術大）

----

(2) Good questions often lead to good discussions. （大阪経済大）

----

(3) Their quarrel began because of a slight misunderstanding. （中京大）

----

(4) She works part-time at a convenience store. （立正大）

----

(5) Mr. Yamada can communicate in both English and German. （拓殖大）

----

(1) píneapple 名「パイナップル」 grow 動「成長する，育つ」 trópical 形「熱帯の」 clímate 名「気候」
(2) óften 副「しばしば」 lead 動「つながる」
(3) quárrel 名「口論」 begín 動「始まる（begin-began-begun）」 slíght 形「ちょっとした」 misunderstánding 名「誤解」
(4) párt-time 副「パートタイムで」
(5) commúnicate 動「やりとりする」 both A and B 熟「A も B も両方とも」 Gérman 名「ドイツ語」

(6) Slavery still exists in many countries. （関西医科大）

- -

(7) She travels from Tokyo to Toronto several times every year. （早稲田大）

- -

(8) This fine weather will last for three days. （神奈川工科大）

- -

(9) You should behave politely to others. （東京理科大）

- -

▶ @For Study
(10) Their old life styles were disappearing. （倉敷芸術科学大）

- -

┌─ @For Study ──┐
│ (10) This bus is stopping.   │
│   このバスは止まりつつある。   │
└──┘

──

(6) slávery 名「奴隷制度」　still 副「まだ」　exíst 動「存在する」
(7) trável 動「旅行する」　from A to B 熟「A から B へ」　séveral tímes 熟「数回，何度か」
(8) fine 形「（天気が）晴れた，好天の」　wéather 名「天気，気候，天候」　last 動「続く」
(9) should 助「…するべきだ」　beháve 動「振る舞う」　polítely 副「礼儀正しく」　óther 代「（others で）他人」
(10) old 形「古い」　life style（lifestyle）名「生活様式」　disappéar 動「消滅する」

第2講 第2文型 SVC

　主語を見つけて「は／が」を付けて読むのが英文読解の第一歩です。ここでは「第2文型」と呼ばれるパターンの読解を練習します。第2文型 SVC（主語＋動詞＋補語）の基本訳は「S は C だ」「S は C になる」です。S ＝ C の関係が成立します。

This is a good idea.
これはよい考えだ。

idea 名「考え」

point 冠詞＋形容詞＋名詞がひとつの名詞のかたまりになり，補語(C)になっています。

We are very hungry.
私たちはとても空腹だ。

húngry 形「空腹の」

point 補語(C)が形容詞のパターンです。形容詞には副詞（ここでは very）が付くことがあります。

Alissa became a nurse at this hospital.
アリッサはこの病院の看護師になった。

nurse 名「看護師」　hóspital 名「病院」

point become ＋名詞／形容詞で「…になる」。これ以外にも get ＋形容詞「…になる」，turn ＋形容詞「…になる」などがあります。また，前置詞句 at this hospital は形容詞句で，前の名詞 a nurse を修飾しています。

The boys kept quiet for a while.
（その）男の子たちはしばらく静かにしていた。

quíet 形「静かな」　for a while 熟「しばらく」

point keep ＋形容詞で「ずっと…のままである」。これ以外にも remain ＋名詞／形容詞「依然として…のままである」などがあります。また，前置詞句 for a while は副詞句です。

That dog looks happy.
そのイヌはうれしそうだ。

háppy 形「うれしい，幸福な」

point look ＋形容詞で「…に見える」。これ以外にも feel ＋形容詞「…の気分がする」，seem ＋形容詞「…に思われる」，sound ＋形容詞「…に聞こえる」などがあります。

EXERCISES A

① 主語 (S) を ☐ で囲み，動詞 (V) に _____ を，補語 (C) に ～～～ を引きましょう。
② 英文を日本語に訳しましょう。

1

(1) This is a good idea.

----

(2) We are very hungry.

----

(3) Alissa became a nurse at this hospital.

----

(4) The boys kept quiet for a while.

----

(5) That dog looks happy.

2

(1) He is a famous scientist.

fámous 形「有名な」
scíentist 名「科学者」

----

(2) Some animals are active at night.

some 形「一部の」
áctive 形「活動的な」

----

(3) That poor girl became a princess.

poor 形「貧しい」
príncess 名「お姫様」

----

(4) Many people feel tired at work.

many 形「多くの」
tired 形「疲れた」
work 名「職場」

----

(5) She looked sleepy after lunch.

sleepy 形「眠い」
after 前「～の後で」
lunch 名「昼食」

EXERCISES B

① 主語（S）を □ で囲み，動詞（V）に ＿＿＿ を，補語（C）に 〜〜〜 を引きましょう。

② 英文を日本語に訳しましょう。

(1) Global warming is a very important issue for the world. （芝浦工業大）

---

(2) Fertile soil is indispensable for a good harvest. （亜細亜大）

▶ @For Study

(3) Illegal drugs have become a huge problem. （青山学院大）

---

(4) She remained calm in the face of such tragedy. （桜花学園大）

---

(5) He seemed nervous during the interview. （跡見学園女子大）

---

(1) glóbal wárming 名「地球温暖化」 impórtant 形「重要な」 íssue 名「問題」 world 名「世界」

(2) fértile 形「肥沃な」 soil 名「土壌」 indispénsable 形「絶対必要な」 hárvest 名「収穫」

(3) illégal 形「違法の」 drug 名「薬物，薬品」 huge 形「巨大な，非常に大きい」

(4) calm 形「冷静な」 in the face of A 熟「A に直面しても」 such 形「そのような」 trágedy 名「悲劇」

(5) nérvous 形「緊張している」 dúring 前「〜の間に」 ínterview 名「面接」

(6) The smartphone is now an essential means of communication.　(中京大)

---

(7) The Japanese summer is hot and humid.　(青山学院大)

▶ @For Study
(8) Michiko will soon get used to living in this city.　(中部大)

---

(9) John felt bored and sleepy in Mrs. Johnson's class.　(摂南大)

---

(10) The mountain looked black against the evening sky.　(川崎医療福祉大)

@For Study
(3) Spring has come.
春が来た。
(8) I am looking forward to seeing you again.
あなたと再び会うことを楽しみにしています。

---

(6) esséntial 形「不可欠の」　means 名「手段」　communicátion 名「コミュニケーション」
(7) hot 形「暑い」　húmid 形「多湿の」
(8) soon 副「すぐに」　used 形「慣れている」
(9) bored 形「退屈した」　sleepy 形「眠い」　class 名「授業」
(10) black 形「黒い」　agáinst 前「～を背景にして」　évening 名「夕方」

主語を見つけて「は／が」を付けて読むのが英文読解の第一歩です。ここでは「第3文型」と呼ばれるパターンの読解を練習します。第3文型 SVO（主語＋動詞＋目的語）の基本訳は「S は O を V する」です（「O を」以外になる表現は第4講で扱います）。

例文1

Toshiyuki plays the piano.
（S）（V）（O）

トシユキはピアノを弾く。

play 動「（楽器）を演奏する」

point 冠詞＋名詞がひとつの名詞のかたまりになり，目的語（O）になっています。SVO の多くは「S は O を V する」と訳します。

例文2

My brother bought a new car before graduation.
（S）（V）（O）

兄は卒業前に新車を買った。

graduátion 名「卒業」

point 冠詞＋形容詞＋名詞がひとつの名詞のかたまりになり，目的語（O）になっています。また，目的語の後ろに副詞（ここでは前置詞句 before graduation）が置かれることがあります。

例文3

We respect him.
（S）（V）（O）

私たちは彼を尊敬している。

respéct 動「～を尊敬する」

	私	私たち	あなた（たち）	彼	彼女	彼ら／それら	それ
主格	I	we	you	he	she	they	it
所有格	my	our	your	his	her	their	its
目的格	me	us	you	him	her	them	it

point 代名詞の目的格が目的語（O）になっています。

例文4

Hiroshi wrote a book about cats.
（S）（V）（O）

ヒロシはネコについての本を書いた。

write 動「～を書く（write-wrote-written）」

point 前置詞句 about cats は形容詞句で，目的語である前の名詞 a book を修飾しています。

例文5

My cousin runs a restaurant in Paris.
（S）（V）（O）

私のいとこはパリでレストランを経営している。

cóusin 名「いとこ」　　réstaurant 名「レストラン」

point 動詞の意外な意味に注意しましょう。run O で「O を経営する（run-ran-run）」。これ以外にも book O「O を予約する」，fire O「O を解雇する」，walk O「O を散歩させる」，cannot stand O「O を我慢できない」などを注意して覚えてください。

EXERCISES A

① 主語（S）を □ で囲み，動詞（V）に _____ を，目的語（O）に _____ を引きましょう。
② 英文を日本語に訳しましょう。

1

(1) Toshiyuki plays the piano.

---

(2) My brother bought a new car before graduation.

---

(3) We respect him.

---

(4) Hiroshi wrote a book about cats.

---

(5) My cousin runs a restaurant in Paris.

2

(1) We play soccer almost every day.

álmost 副「ほとんど，ほぼ」
évery day 副「毎日」

---

(2) Ichiro wears a red jacket.

wear 動「～を身に付けている」
jácket 名「ジャケット」

---

(3) You should not trust me.

should 助「…するべきだ」
trust 動「～を信頼する」

---

(4) Rika took a nice photo of her friends.

phóto 名「写真」

---

(5) My father walks our dog along the beach.

walk 動「～を散歩させる」
alóng 前「～に沿って」
beach 名「浜辺」

EXERCISES B

① 主語（S）を□で囲み，動詞（V）に＝＝を，目的語（O）に＿＿を引きましょう。

② 英文を日本語に訳しましょう。

(1) You should return the book as soon as possible. (東邦大)

▶ @For Study

(2) We have found a much better method to learn English. (拓殖大)

----

(3) He didn't break the vase on purpose, so please don't scold him. (愛知学院大)

----

(4) Did you hurt him intentionally? (長野大)

----

(5) She ran a bakery and an apartment house. (桜花学園大)

----

(1) retúrn 動「～を返す」　as soon as possible 熟「できるだけ早く」

(2) find 動「～を見つける（find-found-found）」　much 副「（比較級を強調して）はるかに」
    good 形「よい（good-better-best）」　méthod 名「方法」　learn 動「～を習得する」

(3) break 動「～を壊す，割る」　vase 名「花瓶」　on púrpose 熟「故意に」　scold 動「～を叱る」

(4) hurt 動「～を傷つける（hurt-hurt-hurt）」　inténtionally 副「故意に」

(5) run 動「～を経営する（run-ran-run）」　bákery 名「パン屋」　apártment house 名「アパート（建物全体）」

(6) He recommended an examination of the lungs. (日本医療科学大)

▶ **@ For Study**

(7) Jennifer has quit her part-time job to concentrate on her studies. (南山大)

---

(8) I apologized to him many times, but he didn't forgive me. (芝浦工業大)

---

(9) His lecture attracts the attention of many students. (大阪経済大)

---

(10) We booked a table for four at the Italian restaurant for Mary's birthday party.

(駒沢女子大)

> **@ For Study**
>
> (2) This robot has the ability <u>to speak six languages</u>.
>   このロボットは <u>6 つの言語を話す</u> 能力を持っている。
>
> (7) Fuyuka came to Nagoya <u>to realize her dream</u>.
>   フユカは <u>夢を実現するために</u> 名古屋に来た。

---

(6) recomménd 動「〜を奨励する」 examinátion 名「検査」 lung 名「肺」

(7) quit 動「〜を辞める (quit-quit-quit)」 part-time job 名「アルバイト」 cóncentrate 動「集中する」
   study 動「勉強」

(8) apólogize 動「謝る」 many times 熟「何度も」 forgíve 動「〜を許す (forgive-forgave-forgiven)」

(9) lécture 名「講義」 attráct 動「〜を引く」 atténtion 名「注意」

(10) book 動「〜を予約する」 Itálian 形「イタリアの」 réstaurant 名「レストラン」

　主語を見つけて「は／が」を付けて読むのが英文読解の第一歩です。第3文型 SVO の多くは「S は O を V する」と読みますが，この講ではそれ以外の表現（「O に，O と，O が」等になるもの）の読解を練習します。

Natsuki likes comics.

S　　　V　　　O

ナツキは漫画が好きだ。

cómic 名「漫画」

point SVO は「S は O を V する」と訳すことが多いのですが，like O は「O が好きだ」です。他にも want O は「O がほしい」です。

Our teacher answered my question.

S　　　　　V　　　　O

（私たちの）先生は私の質問に答えた。

quéstion 名「質問」

point answer O で「O に答える」。これ以外にも mention O「O に言及する」，obey O「O に従う」，resemble O「O に似ている」などがあります。

He attended the meeting.

S　　V　　　　O

彼は（その）会議に出席した。

méeting 名「会議」

point attend O で「O に出席する」。これ以外にも approach O「O に接近する」，enter O「O に入る」，reach O「O に到着する，到達する」などがあります。

My daughter married a dentist.

S　　　　　V　　　　O

（私の）娘は歯科医と結婚した。

dáughter 名「娘」　déntist 名「歯科医」

point marry O で「O と結婚する」。これ以外にも accompany O「O と一緒に行く [O に同行する]」などがあります。

We discussed the problem.

S　　V　　　　O

私たちはその問題について話し合った。

próblem 名「問題」

point discuss O で「O について話し合う」。これ以外にも consider O「O についてよく考える」があります。

EXERCISES A

① 主語（S）を □ で囲み，動詞（V）に ＿＿＿ を，目的語（O）に ＿＿＿ を引きましょう。
② 英文を日本語に訳しましょう。

1

(1) Natsuki likes comics.

----

(2) Our teacher answered my question.

----

(3) He attended the meeting.

----

(4) My daughter married a dentist.

----

(5) We discussed the problem.

2

(1) I want a turtle as a pet.

want 動「～がほしい」
turtle 名「カメ」
as 前「～として」
pet 名「ペット」

----

(2) He opposed our plans.

oppóse 動「～に反対する」
plan 名「計画」

----

(3) Ami entered the theater at four.

énter 動「～に入る」
théater 名「劇場」

----

(4) The climbers reached the summit at noon.

clímber 名「登山家」
reach 動「～に到着する，到達する」
súmmit 名「頂点」
noon 名「正午」

----

(5) We must consider all possibilities.

must 助「…しなければならない」
consíder 動「～についてよく考える」
possibílity 名「可能性」

EXERCISES B

① 主語（S）を□で囲み，動詞（V）に＿＿＿を，目的語（O）に＿＿＿を引きましょう。
② 英文を日本語に訳しましょう。

(1) My grandmother likes precious stones such as rubies and diamonds. （上智大）

----

(2) I met her at Nagoya Station by chance. （椙山女学園大）

----

(3) My handsome boyfriend resembles a movie star. （立命館大）

----

(4) Many people attended the lecture by a famous film director. （東京理科大）

----

(5) Michelle married Carl last September and moved to California. （桜花学園大）

----

(1) grándmother 名「祖母」 précious 形「貴重な」 A such as B 熟「BのようなA（≒ such A as B）」 ruby 名「ルビー」
díamond 名「ダイヤモンド」
(2) by chance 熟「偶然に」
(3) hándsome 形「ハンサムな」 resémble 動「〜に似ている」 star 名「（芸能界などの）スター」
(4) atténd 動「〜に出席する」 lécture 名「講演，講義」 fámous 形「有名な」 film 名「映画」 diréctor 名「監督」
(5) márry 動「〜と結婚する」 move 動「引っ越す」

(6) His plane is approaching Manchester Airport. (駒澤大)

----

(7) You can't enter the national park without a permit. (文教大)

----

(8) Some people don't obey the rules and regulations at all. (中央大)

----

(9) The professor lectured his students on a major contributor to cancer. (名古屋学芸大)

----

(10) We discussed the matter for a long time, but didn't reach a conclusion. (東京工科大)

----

(6) plane 名「飛行機」 appróach 動「〜に接近する」 áirport 名「空港」
(7) énter 動「〜に入る」 nátional 形「国立の，国家の」 pérmit 名「許可書」
(8) obey 動「〜に従う」 rule 名「規則」 regulátion 名「規制」 not ... at all 熟「全然…ない」
(9) proféssor 名「教授」 lécture 動「〜に講義する」 on 前「〜について」 májor 形「主要な」
  contríbutor (to A) 名「(A の) 誘因」 cáncer 名「がん」
(10) discúss 動「〜について議論する」 mátter 名「問題」 for a long time 熟「長時間」
  reach 動「〜に到着する，到達する」 conclúsion 名「結論」

第5講 第3文型 SVO ③　Oが句や節

　主語を見つけて「は／が」を付けて読むのが英文読解の第一歩です。この講では句（主語と動詞を含まない2語以上からなる意味的なかたまり）や節（主語と動詞を含む2語以上からなる意味的なかたまり）がOになるものの読解を練習します。

I want to study history.
S　　V　　　　　O

私は歴史を勉強したい。

study 動「～を勉強する」　history 名「歴史」

point to (V)原形がOになるパターンです。want to (V)原形で「Vしたいと思う」。これ以外にも try to (V)原形「Vしようとする」，decide to (V)原形「Vすることを決断する」，learn to (V)原形「Vするように[できるように]なる」などがあります。

My father stopped smoking.
S　　　　V　　　　O

父はタバコを吸うのをやめた。

smoke 動「タバコを吸う」

point (V)ing がOになるパターンです。stop (V)ing で「Vするのをやめる」。これ以外にも avoid (V)ing「Vするのを逃れる, 避ける」，consider (V)ing「Vするのをよく考える」，finish (V)ing「Vし終える」などがあります。

I believe that he is a genius.
S　V　　　　　O

彼は天才だと私は思う。

génius 名「天才」

point Oの位置に文（SV）を置きたい場合，接続詞 that を文の前に置き that SV とします。believe that SV で「SVと信じる，思う」。これ以外にも say that SV「SVと言う」，show that SV「SVと示す」などがあります。これらの that は口語では省略されることがあります。

Do **you** know where Bob lives?
S　　V　　　　O

ボブがどこに住んでいるかあなたは知っているか。

where 副「どこに」　live 動「住んでいる」

point Oの位置に疑問文を置くことができます（間接疑問文と呼ばれます）。ただし，この時は疑問文の語順（Where does Bob live?）になりません。

I don't know if our cats are happy.
S　　V　　　　O

うちのネコが幸せであるかどうか私はわからない。

háppy 形「うれしい，幸福な」

point Oの位置に if SV を置くと「SVかどうか」の意味になります（「もし SV ならば」ではありません）。whether SV も Oの位置に置くと同じ意味になります。

EXERCISES A

① 主語（S）を [　　] で囲み，動詞（V）に ＿＿＿ を，目的語（O）に ＿＿＿ を引きましょう。
② 英文を日本語に訳しましょう。

1

(1) I want to study history.

---

(2) My father stopped smoking.

---

(3) I believe that he is a genius.

---

(4) Do you know where Bob lives?

---

(5) I don't know if our cats are happy.

2

(1) She wants to go to Wimbledon.

Wímbledon 名「ウィンブルドン（地名）」

---

(2) You should avoid eating between meals.

avóid (V)ing 動「V するのを避ける」
eat betwéen meals 熟「間食する」

---

(3) Everyone knows that the earth is round.

earth 名「地球」
round 形「丸い」

---

(4) I do not know why my wife is angry.

why 副「なぜ」
wife 名「妻」
ángry 形「怒っている」

---

(5) We don't know if we can rely on him.

relý on A 熟「A を頼る」

25

① 主語（S）を □ で囲み，動詞（V）に _____ を，目的語（O）に _____ を引きましょう。
② 英文を日本語に訳しましょう。

(1) The boy began to breathe normally after a while.   (名古屋学院大)

----

(2) The dog started barking at the sight of the bear.   (芝浦工業大)

----

(3) We know that the earth goes around the sun.   (大阪大谷大)

----

(4) She could not say why she liked that painting.   (東京経済大)

----

(5) I don't know if Don is reliable; he never keeps his promises.   (岐阜大)

----

(1) begín to (V)原形 動「V し始める（begin-began-begun）」 bréathe 動「呼吸をする」 nórmally 副「正常に」
after a while 熟「しばらくして」
(2) start (V)ing 動「V し始める」 bark 動「ほえる」 at the sight of A 熟「A を見て」 bear 名「クマ」
(3) go around A 熟「A の周りを回る」 the sun 名「太陽」
(4) páinting 名「絵」
(5) relíable 形「信頼できる」 néver 副「決して…しない，一度も…しなかった」 keep 動「〜を守る」
prómise 名「約束」

(6) That country has decided to do away with its existing nuclear power stations.

(西南学院大)

(7) I regretted borrowing the novel from my teacher. It was too difficult for me.

(立教大)

(8) Some people claim that fast food causes diabetes.

(東京理科大)

(9) We want to find out who leaked the information.

(相模女子大)

(10) Do you know whether Kaori has passed the entrance exam for ABC College or not?

(産業能率大)

---

(6) decíde to (V)原形 動「V することを決断する」 do away with A 熟「A を廃止する」 exísting 形「既存の」
núclear pówer státion 名「原子力発電所」

(7) regrét (V)ing 動「V したことを後悔する」 bórrow 動「〜を借りる」 nóvel 名「小説」 too 副「…すぎる」
dífficult 形「難しい」

(8) some 形「一部の」 claim 動「…と主張する」 fast food 名「ファストフード」 cause 動「〜を引き起こす」
diabétes 名「糖尿病」

(9) want to (V)原形 動「V したいと思う」 find out 熟「〜を探り出す (find-found-found)」 leak 動「〜を漏らす」
informátion 名「情報」

(10) pass 動「〜に合格する」 éntrance exám 名「入学試験」

主語を見つけて「は／が」を付けて読むのが英文読解の第一歩です。この講ではいわゆる「熟語」表現の読解を練習します。前置詞の意味を合わせて理解しておくことが重要です。

例文 1

Hideo is looking for a room near college.
S   V

ヒデオは大学の近くで部屋を探している。

room 名「部屋」　near 前「〜の近くで」　cóllege 名「大学」

point look for A で「A を探す」，wait for A で「A を待つ」，apply for A で「A に応募する」，call for A で「A を要求する」（「求める」の for）。

例文 2

We regard him as a hero.
S   V   O

私たちは彼を英雄だと考える。

héro 名「英雄」

point regard A as B で「A を B だと考える」，think of A as B で「A を B だと考える」，look upon A as B で「A を B だと考える」，refer to A as B で「A を B と呼ぶ」（「イコール」の as）。

例文 3

This song reminds me of my grandfather.
S   V   O

この歌は私に祖父を思い出させる。

song 名「歌」　grándfather 名「祖父」

point remind A of B で「A に B を思い出させる」，inform A of B で「A に B を知らせる」，convince A of B で「A に B を信じさせる」（「〜について」の of）。

例文 4

They robbed the old man of his watch.
S   V   O

彼らは（その）老人から腕時計を奪った。

old 形「年老いた」　watch 名「腕時計」

point rob A of B で「A から B を奪う」，deprive A of B で「A から B を奪う」，cure A of B で「A（人）の B（病気）を治す」（「分離」の of）。

例文 5

The rain prevented me from going to the zoo.
S   V   O

（その）雨は私が動物園に行くのを妨げた。

rain 名「雨」　zoo 名「動物園」

point prevent A from (V)ing で「A が V するのを妨げる」，discourage A from (V)ing で「A に V する気をなくさせる」，prohibit A from (V)ing で「A が V するのを禁止する，妨げる」（「させない」の from）。

EXERCISES A

① 主語（S）を[　　]で囲み，動詞（V）に＿＿＿＿を，目的語（O）に＿＿＿＿を引きましょう。
② 英文を日本語に訳しましょう。

1

(1) Hideo is looking for a room near college.

---

(2) We regard him as a hero.

---

(3) This song reminds me of my grandfather.

---

(4) They robbed the old man of his watch.

---

(5) The rain prevented me from going to the zoo.

2

(1) Ayami pressed a button and waited for the elevator.

press 動「～を押す」
bútton 名「ボタン」
wait for A 熟「A を待つ」
elevator 名「エレベーター」

---

(2) The prime minister regards this situation as serious.

príme mínister 名「首相」
regárd A as B 熟「A を B だと考える」
situátion 名「状況」
sérious 形「深刻な」

---

(3) This photo always reminds me of my childhood.

phóto 名「写真」
álways 副「いつも」
remínd A of B 熟「A に B を思い出させる」
chíldhood 名「子ども時代」

---

(4) Two men robbed me of my cash.

rob A of B 熟「A から B を奪う」
cash 名「現金」

---

(5) The snow prevented us from flying to Hong Kong.

snow 名「雪」
prevént A from (V)ing 熟「A が V する
のを妨げる」
fly 動「(飛行機で) 飛ぶ」

---

① 主語（S）を□で囲み，動詞（V）に＿＿を，目的語（O）に＿＿を引きましょう。
② 英文を日本語に訳しましょう。

(1) Quite a few people applied for the job. （中部大）

----

(2) We look upon him as the best doctor in our town. （法政大）

----

(3) Our teacher's attitude convinces me of his sincerity. （東京電機大）

----

(4) A last-minute goal robbed the team of victory. （玉川大）

----

(5) The government prohibits people under the age of 20 from smoking. （駒澤大）

----

(1) quite a few 熟「かなり多数の」 apply for A 熟「A に応募する」
(2) look upon A as B 熟「A を B だと考える」 best 形「最良の（good の最上級）」 dóctor 名「医師」 town 名「町」
(3) áttitude 名「態度」 convínce A of B 熟「A に B を信じさせる」 sincérity 名「誠実さ」
(4) last-minute 形「最後の瞬間の」 goal 名「（サッカーなどの）ゴール」 rob A of B 熟「A から B を奪う」 team 名「チーム」 víctory 名「勝利」
(5) góvernment 名「政府」 prohíbit A from (V)ing 熟「A が V するのを禁止する」 age 名「年齢」 smoke 動「タバコを吸う」

(6) The villagers called for an urgent inquiry into the train accident.　（駒澤大）

----

(7) She regards him as a man of character.　（甲南女子大）

----

(8) John Lennon's songs always remind me of the happy days in my hometown.

（駒澤大）
----

(9) The government deprived him of his rights as a common citizen.　（東京理科大）

----

(10) Bias prevents people from understanding different foreign cultures.　（桜美林大）

----

(6) víllager 名「村人」　call for A 熟「A を要求する」　úrgent 形「緊急の」　inquíry into A 名「A の調査」
train 名「列車」　accident 名「事故」
(7) regárd A as B 熟「A を B だと考える」　a man of cháracter 名「人格者」
(8) John Lennon 名「ジョン・レノン（人名）」　song 名「歌」　álways 副「いつも」
remínd A of B 熟「A に B を思い出させる」　háppy 形「うれしい，幸福な」　hómetówn 名「故郷」
(9) góvernment 名「政府」　depríve A of B 熟「A から B を奪う」　right 名「権利」　cómmon 形「一般的な，普通の」
cítizen 名「市民」
(10) bías 名「偏見」　prevént A from (V) ing 熟「A が V するのを妨げる」
understánd 動「～を理解する（understand-understood-understood）」　dífferent 形「（複数名詞の前で）様々な」
fóreign 形「外国の」　cúlture 名「文化」

主語を見つけて「は／が」を付けて読むのが英文読解の第一歩です。ここでは「第4文型」と呼ばれるパターンの読解を練習します。第4文型 SVO$_1$O$_2$（主語＋動詞＋間接目的語＋直接目的語）の基本訳は「S は O$_1$に O$_2$を V する」です。

Her father gave her a dictionary.
彼女の父は彼女に辞書を与えた。

> díctionary 名「辞書」

> **point** give O$_1$O$_2$ で「O$_1$ に O$_2$ を与える」(give-gave-given)。「O$_1$ に O$_2$ を」の部分の助詞に注意してください。teach O$_1$O$_2$「O$_1$ に O$_2$ を教える」(teach-taught-taught)なども同様に助詞に注意してください。

Show me your ID, please.
私に（あなたの）身元を証明するものを見せてください。

> ID 名「身元を証明するもの」　please 副「どうか，ぜひ（訳さない場合も）」

> **point** show O$_1$O$_2$ で「O$_1$ に O$_2$ を見せる」(show-showed-shown)。この文は動詞の原形で始まる「命令文」です。lend O$_1$O$_2$「O$_1$ に O$_2$ を貸す」(lend-lent-lent)，send O$_1$O$_2$「O$_1$ に O$_2$ を送る」(send-sent-sent)なども覚えておきましょう。

I will make you a new sweater.
私はあなたに新しいセーターを編んであげよう。

> new 形「新しい」　swéater 名「セーター」

> **point** make O$_1$O$_2$ で「O$_1$ に O$_2$ を作ってあげる」。buy O$_1$O$_2$ なら「O$_1$ に O$_2$ を買ってあげる」，find O$_1$O$_2$ なら「O$_1$ に O$_2$ を見つけてあげる」。

Yuki told us that she liked alpacas very much.
ユキは私たちに自分はアルパカが大好きだと話した。

> alpáca 名「アルパカ（ラクダ科の動物）」　very much 熟「大いに，たいへん」

> **point** tell O$_1$O$_2$「O$_1$ に O$_2$ を話す」(tell-told-told)の O$_2$ を that SV「S が V すること」にすると，「O$_1$ に SV だと話す，言う」になります。

My uncle asked me what I wanted to do in the future.
（私の）おじは私に私が将来何をやりたいのかを尋ねた。

> úncle 名「おじ」　fúture 名「将来」

> **point** ask O$_1$O$_2$「O$_1$ に O$_2$ を尋ねる」の O$_2$ が間接疑問文になっています。「何をやりたかったのか」は不可です（時制の一致）。

EXERCISES A

① 主語（S）を□で囲み，動詞（V）に＿＿を，間接目的語（O₁）に＿＿＿＿を，直接目的語（O₂）に＿＿を引きましょう。　② 英文を日本語に訳しましょう。

1

(1) Her father gave her a dictionary.

----

(2) Show me your ID, please.

----

(3) I will make you a new sweater.

----

(4) Yuki told us that she liked alpacas very much.

----

(5) My uncle asked me what I wanted to do in the future.

2

(1) Jeff gave his wife a ring with diamonds.

wife 名「妻」
ring 名「指輪」
díamond 名「ダイヤモンド」

----

(2) Saki showed the girl the way to the theater.

way 名「道」
théater 名「劇場」

----

(3) I made our cats a new toy.

new 形「新しい」
toy 名「おもちゃ，玩具」

----

(4) He told me that he would be late for the meeting.

would 助 will の過去形
late 形「遅刻した」
méeting 名「会議」

----

(5) The judge asked him what his name was.

judge 名「裁判官」
name 名「名前」

----

① 主語（S）を□で囲み，動詞（V）に＿＿＿を，間接目的語（O₁）に＿＿＿＿を，直接目的語（O₂）に＿＿＿を引きましょう。
② 英文を日本語に訳しましょう。

(1) Newspapers give us useful information. （大手門学院大）

----

(2) We send readers our up-to-date information on world events. （明海大）

----

(3) I read him the report. He listened to me with amazement. （創価大）

----

(4) Mr. Hirano told us that he wanted to open his restaurant in Tokyo. （芝浦工業大）

----

(5) He showed me how the machine works. （神奈川工科大）

----

(1) néwspaper 名「新聞」 úseful 形「便利な」 informátion 名「情報」
(2) up-to-date 形「最新の」 world 名「世界」 evént 名「出来事」
(3) repórt 名「報告書」 amázement 名「驚愕」
(4) ópen 動「〜を開く」 réstaurant 名「レストラン」
(5) machíne 名「機械」 work 動「作動する」

▶ @For Study

(6) The teacher gave me permission to go home. (大阪学院大)

----

(7) Could you lend me your bicycle for a couple of days? (北里大)

----

(8) Moderate exercise does us good. (新潟医療福祉大)

----

(9) The teacher taught us that Queen Victoria died in 1901. (東洋大)

▶ @For Study

(10) I asked her whether the concert had been crowded. (専修大)

@For Study

(6) This is a good chance to meet Chikako.
これはチカコに会う良い機会だ。

(10) I realized that I had left my smartphone at home.
私はスマホを家に忘れてきたことに気付いた。

---

(6) permíssion 名「許可」 home 副「我が家に」

(7) bícycle 名「自転車」 a couple of A 熟「2，3の A」

(8) móderate 形「適度の」 éxercise 名「運動」 do A good 熟「A に利益を与える」

(9) Quéen Victória 名「ヴィクトリア女王」 die 動「死ぬ」

(10) cóncert 名「コンサート」 crowded 形「混雑している」

主語を見つけて「は／が」を付けて読むのが英文読解の第一歩です。ここでは「第5文型」と呼ばれるパターンの読解を練習します。第5文型 SVOC（主語＋動詞＋目的語＋補語）の基本訳は「S は O を C にする」と「S は O を C だと思う」です。

This medicine makes you sleepy.

この薬はあなたを眠くする。（この薬によってあなたは眠くなる。）

médicine 名「薬」　sléepy 形「眠い」

point make OC で「O を C にする」。SVOC の C（補語）になれるのは形容詞か名詞で、ここでは形容詞です。主語が人以外（「無生物主語」と呼ばれることもあります）の時は「S によって O は C になる」のように訳しても構いません。

We named the kitten Potato.

私たちは（その）子ネコをポテトと名付けた。

kítten 名「子ネコ」

point name OC で「O を C と名付ける」。call OC なら「O を C と呼ぶ」です。

I found him a kind man.

私は彼を親切な人だと思った。

kind 形「親切な」

point find OC で「O を C だと思う」。これ以外にも think OC「O を C だと思う」などがあります。

We considered the news to be sad.

私たちは（その）ニュースを悲しいと思った。

news 名「ニュース」　sad 形「悲しい」

point consider O (to be) C で「O を C だと思う」。

Takuro left the window open.

タクロウは（その）窓を開けたままにした。

window 名「窓」　open 形「開いている」

point leave OC で「O を C のままにしておく」。keep OC は「（意図的に）O を C にしておく」。また，ここでの open は形容詞です（対義語は closed「閉じている」）。

EXERCISES A

① 主語（S）を ☐ で囲み，動詞（V）に ＿＿＿ を，目的語（O）に ＿＿＿ を，補語（C）に ～～～ を引きましょう。　② 英文を日本語に訳しましょう。

1

(1) This medicine makes you sleepy.

----

(2) We named the kitten Potato.

----

(3) I found him a kind man.

----

(4) We considered the news to be sad.

----

(5) Takuro left the window open.

2

(1) The man will make this country great again.

cóuntry 名「国」
great 形「偉大な」
agáin 副「再び」

----

(2) The players call the new coach Mister.

pláyer 名「選手」
new 形「新しい」
coach 名「コーチ，監督」

----

(3) The work looked difficult at first, but I found it easy later.

work 名「仕事」
dífficult 形「難しい」
at first 熟「最初は」
éasy 形「簡単な」　láter 副「後に」

----

(4) Most Americans think Hemingway a great writer.

most 形「たいていの」
Américan 名「アメリカ人」
Hémingway 名「ヘミングウェイ（人名）」
wríter 名「作家」

----

(5) You shouldn't leave emails unanswered.

émail 名「電子メール」
unánswered 形「未回答の」

EXERCISES B

① 主語（S）を ☐ で囲み，動詞（V）に ＿＿ を，目的語（O）に ＿＿ を，補語（C）に
　　 ＿＿ を引きましょう。
② 英文を日本語に訳しましょう。

(1) Her red dress made her noticeable in the crowd.　　　　　　　　　　（奈良大）

- -

(2) Everybody called her a lucky girl.　　　　　　　　　　　　　　（大阪経済大）

- -

(3) I found this book interesting from beginning to end.　　　　　（川崎医療福祉大）

- -

(4) You consider yourself to be a poor singer, but you're not.　　　　（南山大）

- -

(5) This cup keeps your drink cold for hours.　　　　　　　　　　（藤田保健衛生大）

- -

---

(1) red 形「赤い」　dress 名「ドレス」　nóticeable 形「目立つ」　crowd 名「群衆」
(2) éverybody 代「みんな」　lucky 形「幸運である」
(3) ínteresting 形「面白い，興味深い」　begínning 名「始め」　end 名「終わり」
(4) poor 形「下手な」　sínger 名「歌手」
(5) cup 名「（コーヒーや紅茶用の）カップ」　drink 名「飲み物」　cold 形「冷たい」　for hours 熟「何時間も」

38

(6) The professor's rigid attitude made him unpopular among his students. （中央大）

----

(7) They elected her captain of the team. （自治医科大）

----

(8) I found the latter part of this book quite boring. （広島修道大）

▶ @For Study
(9) His wife has made her husband what he is now. （東海学園大）

----

(10) He must have left the door of the house unlocked. （龍谷大）

┌─ @For Study ─
│ (9) Your brother is not <u>what he was before</u>.
│ あなたの兄は<u>以前の彼</u>ではない。
└

(6) proféssor 名「教授」 rígid 形「融通がきかない」 áttitude 名「態度」 unpópular 形「人気がない」 amóng 前「～の間で」
(7) cáptain 名「キャプテン」 team 名「チーム」
(8) látter 形「後半の」 quite 副「かなり」 bóring 形「退屈な」
(9) wife 名「妻」 húsband 名「夫」
(10) must have Vp.p. 助「V したにちがいない」 unlócked 形「鍵がかかっていない」

第9講 SVO＋準動詞

　この講では，SVO の後ろに準動詞（不定詞，分詞）が来る表現の読解を練習します。これらの表現に共通するのは，O と準動詞に「主語・述語の関係」があることです。

Our teacher told us to study hard.
    S   V O   準動詞句

先生は私たちに熱心に勉強しなさいと言った。

> study 動「勉強する」　hard 副「熱心に」

> **point** tell O to (V)原形 で「O に V しなさいと言う」。SVO の後ろに to (V)原形 が来るのはこれ以外にも ask O to (V)原形「O に V するよう頼む」，want O to (V)原形「O に V することを望んでいる」などがあります。

My father made me clean the bathroom.
    S   V O   準動詞句

父は私に浴室を掃除させた。

> clean 動「～を掃除する」　bathroom 名「浴室」

> **point** make O (V)原形 で「O に V させる（強制）」。この時の make は let O (V)原形「O に V させる（許可）」の let，have O (V)原形「O に V させる，V してもらう（指示・説得）」の have と合わせて「使役動詞」と呼ばれます。

Robert has his jackets made in Scotland.
   S   V   O   準動詞句

ロバートはスコットランドで上着を作ってもらっている。

> jácket 名「上着」　make 動「～を作る（make-made-made）」　Scótland 名「スコットランド（地名）」

> **point** have O Vp.p. は主に「（プロなどに依頼して）O を V してもらう」か「O を V される（被害）」の意味になります。

I saw my wife go out.
 S V O   準動詞句

私は妻が出ていくのを見た。

> wife 名「妻」　go out 熟「出ていく」

> **point** see O (V)原形「O が V するのを見る」。この時の see を「知覚動詞」と呼び，これ以外にも hear O (V)原形 で「O が V するのを聞く」などがあります。

Nami heard her husband singing a strange song.
  S   V   O   準動詞句

ナミは夫が奇妙な歌を歌っているのを聞いた。

> húsband 名「夫」　sing 動「～を歌う（sing-sang-sung）」　stránge 形「奇妙な」　song 名「歌」

> **point** 知覚動詞には see [hear] O (V)ing「O が V しているのを見る[聞く]」，see [hear] O Vp.p.「O が V されるのを見る[聞く]」のパターンもあります。

EXERCISES A

① 主語（S）を ☐ で囲み，動詞（V）に ＿＿＿ を，目的語（O）に ＿＿＿ を，準動詞句に ～～～ を引きましょう。　② 英文を日本語に訳しましょう。

1

(1) Our teacher told us to study hard.

----

(2) My father made me clean the bathroom.

----

(3) Robert has his jackets made in Scotland.

----

(4) I saw my wife go out.

----

(5) Nami heard her husband singing a strange song.

2

(1) The doctor told me to stay in bed for a week.

dóctor 名「医師」
stay 動「いる」
bed 名「ベッド」

----

(2) The government makes us pay high taxes.

góvernment 名「政府」
pay 動「～を払う」
high 形「高い」
tax 名「税金」

----

(3) You should have your brain checked immediately.

brain 名「脳」
check 動「～を検査する」
immédiately 副「すぐに」

----

(4) I have never seen experts make such a mistake.

éxpert 名「専門家」
such 形「そのような」
mistáke 名「間違い」

----

(5) A lot of people saw you talking to him.

a lot of A 熟「たくさんの A」
péople 名「人々」
talk 動「話す」

41

EXERCISES B

① 主語（S）を ☐ で囲み，動詞（V）に ＿＿＿ を，目的語（O）に ＿＿＿ を，準動詞句に
　　〜〜〜 を引きましょう。

② 英文を日本語に訳しましょう。

(1) I asked him to explain the reason for his resignation.　　　　（跡見学園女子大）

----

(2) Julia had her secretary send the document to the committee members.　（立命館大）

----

(3) You should have your computer checked by a reliable shop.　　（京都女子大）

----

(4) We have never heard that teacher speak ill of others.　　　　（専修大）

----

(5) I heard a baby crying all night, and I couldn't sleep.　　　　（東京国際大）

---

(1) expláin 動「〜を説明する」　réason (for A) 名「（A の）理由」　resignátion 名「辞職」

(2) sécretary 名「秘書」　send 動「〜を送る」　dócument 名「文書」　commíttee 名「委員会」
　　mémber 名「メンバー」

(3) compúter 名「コンピューター」　check 動「〜を検査する」　relíable 形「信頼できる」　shop 名「店」

(4) téacher 名「先生」　speak ill of A 熟「A のことを悪く言う」　óther 代「（others で）他人」

(5) baby 名「赤ちゃん」　cry 動「泣く」　all night 熟「一晩中」　sleep 動「眠る」

42

⑹ Akira's large income enables him to ski abroad every year.　　　　　（北海道医療大）

⑺ Don't let children play with fireworks by themselves.　　　　　（京都女子大）

⑻ He had his nose broken in the boxing match last week.　　　　　（防衛医科大学校）

⑼ I saw the boss come out of the building and get into a taxi.　　　　　（東京経済大）

⑽ I saw the patient leaving the hospital with a smile.　　　　　（大阪医科大）

⑹ large 形「大きい，多い」 íncome 名「収入」 ski 動「スキーをする」 abróad 副「海外で」
⑺ play 動「遊ぶ」 fírework 名「花火」 by onesélf 熟「ひとりで」
⑻ nose 名「鼻」 break 動「〜を壊す，砕く」 bóxing 名「ボクシング」 match 名「試合」
⑼ boss 名「上司」 out of A 前「A の中から外へ」 búilding 名「建物」 get into A 熟「A に乗り込む」
　 taxi 名「タクシー」
⑽ pátient 名「患者」 leave 動「〜を離れる」 hóspital 名「病院」 smile 名「笑み」

You will find this book easy.
　S　　　V　　　O　　　C

point　find OC で「O を C だと思う」。「あなたはこの本を簡単に見つけるだろう。」は You will find this book <u>easily</u>. の訳です（easily は副詞）。

【訳例】　あなたはこの本を簡単だと思うだろう。

第 2 章

SV を正確につかもう

第10講 句が主語

「主語と動詞を含まない2語以上からなる意味的なかたまり」を「句」と呼びます。文の中で名詞の役割を担う句のことを「名詞句」と呼びます。この講では名詞句が主語になる文の読解を練習します。

Running is good for your health.

走ることは（あなたの）健康によい。

> run 動「走る」　good 形「よい」　héalth 名「健康」

point 動名詞 Running が主語になっています。
　　　　　(V)

Studying hard is important.

熱心に勉強することは重要だ。

> study 動「勉強する」　hard 副「熱心に」　impórtant 形「重要な」

point 動名詞句 Studying hard が主語になっています。
　　　　　(V)　　 (副)

Playing the piano is difficult for me.

ピアノを弾くことは私には難しい。

> play 動「（楽器）を演奏する」　dífficult 形「難しい」

point 動名詞句 Playing the piano が主語になっています。
　　　　　(V)　　　 (O)

Watching baseball matches on TV is fun.

テレビで野球の試合を見ることは楽しい。

> watch 動「〜を見る」　match 名「試合」　fun 名「楽しみ」

point 動名詞句 Watching baseball matches on TV が主語になっています。
　　　　　(V)　　　　　　　 (O)　　　　 (副)

To know is one thing and to teach is another.

知っていることはひとつのことで，教えることは別のことだ。

（知っていることと教えることは別のことだ。）

> know 動「知っている」　thing 名「こと，もの」　anóther 代「別のこと」

point to 不定詞句 To know と to teach がそれぞれの文の主語になっています。
　　　　　 (V)　　　　　 (V)

〈注〉 to 不定詞を主語にするのはかなり硬い表現で，日常の会話などではあまり用いません。

46

EXERCISES A

① 主語（S）を □ で囲み，動詞（V）に ＿＿ を引きましょう。
② 英文を日本語に訳しましょう。

1

(1) Running is good for your health.

(2) Studying hard is important.

(3) Playing the piano is difficult for me.

(4) Watching baseball matches on TV is fun.

(5) To know is one thing and to teach is another.

2

(1) Swimming is good exercise.

swim 動「泳ぐ」
éxercise 名「運動」

(2) Fishing in this pond is forbidden.

fish 動「釣りをする」
pond 名「池」
forbíd 動「〜を禁止する（forbid-forbade-forbidden）」

(3) Collecting stamps is not a popular hobby now.

colléct 動「〜を集める」
stamp 名「切手」
pópular 形「人気のある」
hóbby 名「趣味」

(4) Seeing old friends again is wonderful.

sée 動「〜に会う」
agáin 副「再び」
wónderful 形「素晴らしい」

(5) To become a writer was his ambition.

becóme 動「…になる」
wríter 名「作家」
ambítion 名「念願，野望」

EXERCISES B

① 主語（S）を [　　] で囲み，動詞（V）に ＿＿＿ を引きましょう。
② 英文を日本語に訳しましょう。

(1) Finding a good friend is difficult.　　　　　　　　　　　　　　　　　　　　(北海学園大)

　▶ @For Study
(2) Surfing the Internet is not necessarily bad.　　　　　　　　　　　　　　　(名城大)

(3) Making decisions is one of the fundamental human rights.　　　　　　(法政大)

　▶ @For Study
(4) Walking an hour a day does you good.　　　　　　　　　　　　　　　　　(愛知学院大)

(5) To have the right opinion is one thing, but to do the right thing is another.

　　　　　　　　　　　　　　　　　　　　　　　　　　　　　　　　　　　　　(白梅学園大)

@For Study
(2) Rich people are <u>not necessarily</u> happy.
裕福な人は必ずしも幸福ではない。
(4) The strike lasted <u>three weeks</u>.
ストは 3 週間続いた。（for three weeks の for が省略されています。）

---

(1) find 動「～を見つける」 fríend 名「友人」 dífficult 形「難しい」
(2) surf 動「（インターネットなど）を見て回る」 nécessarily 副「必ず」 bad 形「悪い」
(3) decísion 名「決断，決意，決定」 fundaméntal 形「基本的な」 húman 形「人間の」 right 名「権利」
(4) walk 動「歩く」 do A good 熟「A に利益を与える」
(5) right 形「正しい」 opínion 名「意見」 thing 名「こと，もの」

48

(6) Finding a parking space there is usually easy during the week. （中央大）

----

(7) Raising wages is impossible. The company is operating in the red. （拓殖大）

----

(8) Sailing across the Atlantic was an interesting new experience for all of us.

（甲南大）

----

(9) Learning foreign languages allows you to broaden your horizons. （杏林大）

----

(10) To trade means to buy and sell goods and services. （駒澤大）

----

(6) find 動「～を見つける」 párking 名「駐車」 space 名「スペース」 there 副「そこで」 úsually 副「普通は」
éasy 形「簡単な」 during the week 熟「平日は」
(7) raise 動「～を上げる」 wage 名「賃金」 impóssible 形「不可能な」 cómpany 名「会社」 óperate 動「操業する」
in the red 熟「赤字で」
(8) sail 動「航行する, 航海する」 acróss 前「～を横断して」 ínteresting 形「面白い, 興味深い」 expérience 名「経験」
(9) learn 動「～を習得する」 fóreign 形「外国の」 lánguage 名「言語」
allów O to (V)原形 動「O が V するのを許可する, 可能にする」 bróaden 動「～を広げる」
horízon 名「(horizons で) 視野」
(10) trade 動「取引する」 mean 動「～を意味する」 buy 動「～を買う (buy-bought-bought)」
sell 動「～を売る (sell-sold-sold)」 goods 名「商品」 service 名「サービス」

第11講 節が主語

「主語と動詞を含む意味的なかたまり」を「節」と呼びます。文の中で名詞の役割を担う節のことを「名詞節」と呼びます。この講では名詞節が主語になる文の読解を練習します。また，ここでは SVC の C に to (V)原形 や that SV が来るパターンも学習します。

例文 1

What Miki needs now is a rest.
  S   V   C

ミキが今必要としているものは休養だ。

need 動「～を必要とする」 rest 名「休息，休養」

point What Miki needs now が主語になっています。ここでの What は「何」ではなく「こと
      (O) (S)   (V) (副)
／もの」の意味です（関係代名詞の what）。

例文 2

What is important is to keep studying every day.
  S   V C

重要なことは毎日勉強し続けることだ。

impórtant 形「重要な」 keep (V)ing 動「V し続ける」 study 動「勉強する」

point What is important が主語になっています。to keep studying every day は to 不定詞
      (S) (V) (C)
の名詞的用法で，補語になっています。

例文 3

What surprised us was that Tom bought a castle.
  S   V   C

私たちを驚かせたことはトムが城を買ったことだ。

surpríse 動「～を驚かせる」 buy 動「～を買う (buy-bought-bought)」 cástle 名「城」

point What surprised us が主語で，that Tom bought a castle が補語になっています。
      (S)   (V)   (O)   (接) (S)   (V)   (O)

例文 4

That you are wrong is clear.
  S   V C

あなたが間違っていることは明らかだ。

wrong 形「間違っている」 clear 形「明らかな，明確な」

point That you are wrong が主語になっています（この that は接続詞）。この英文は形式主語
      (接) (S) (V) (C)
を使って It is clear that you are wrong. とするのが普通です（☞第 12 講）。whether
SV「S が V するかどうか」が主語になることもあります。

例文 5

Why Kokona did so is a mystery.
  S   V C

なぜココナがそうしたのかは謎だ。

so 副「そのように，そう」 mýstery 名「謎」

point 間接疑問文 Why Kokona did so が主語になっています。
          (副) (S)   (V) (副)

EXERCISES A

① 主語（S）を ☐ で囲み，動詞（V）に ＿＿＿ を引きましょう。
② 英文を日本語に訳しましょう。

1

(1) What Miki needs now is a rest.

----

(2) What is important is to keep studying every day.

----

(3) What surprised us was that Tom bought a castle.

----

(4) That you are wrong is clear.

----

(5) Why Kokona did so is a mystery.

2

(1) What the minister said was always wrong.

mínister 名「大臣」
say 動「〜を言う（say-said-said）」
álways 副「いつも」
wrong 形「間違っている」

----

(2) What you have to do is to keep a diary.

have to (V)原形 熟「V しなければならない」
keep 動「（日記や帳簿を）つける」
díary 名「日記」

----

(3) What surprised me most was that Mei began crying.

surpríse 動「〜を驚かせる」
most 副「最も（much の最上級）」

----

(4) That our country needs a wise leader is obvious.

need 動「〜を必要とする」
wise 形「賢明な」
léader 名「指導者」
óbvious 形「明らかな」

----

(5) Who told her the truth is unknown.

truth 名「真実」
unknówn 形「不明の」

----

① 主語（S）を □ で囲み，動詞（V）に ＿＿＿ を引きましょう。

② 英文を日本語に訳しましょう。

(1) What is crucial for children's learning is access to books. （駒澤女子大）

----

(2) What is necessary in our country is to help each other. （日本医療科学大）

----

(3) What matters most is that you do your best. （愛知学院大）

▶ @For Study

(4) That there was a problem in the original plan is self-evident. （青山学院大）

----

(5) How the baby survived such a terrible accident is a mystery to us. （愛知工業大）

----

(1) crúcial 形「必須の」 child 名「子ども(複数形 children)」 léarning 名「学習」 áccess to A 名「A を利用する権利」
(2) nécessary 形「必要な」 cóuntry 名「国」 help 動「～を助ける」 each óther 代「お互い，相互」
(3) mátter 動「重要である」 most 副「最も（much の最上級）」 do one's best 熟「最善を尽くす」
(4) próblem 名「問題」 oríginal 形「最初の」 plan 名「計画」 self-évident 形「自明の」
(5) baby 名「赤ちゃん」 survíve 動「～を切り抜けて生き残る」 such 副「そのような」 térrible 形「ひどい」
　　áccident 名「事故」 mýstery 名「謎」

(6) What makes you special is your ability to connect with people. （武庫川女子大）

- -

(7) What you need to do right now is to think over this problem more carefully.

（国士舘大）

- -

(8) What I would like to emphasize is that nobody cares about the issue. （金城学院大）

- -

(9) Whether he comes to the meeting or not is not so important for us. （中央大）

- -

(10) What happened to the dinosaurs still remains a mystery. （大阪保健医療大）

- -

@For Study

(4) There is a cat at the door.
玄関にネコがいる。

---

(6) spécial 形「特別の」 ability 名「能力」 connéct with A 熟「A と親しくなる」 péople 名「人々」
(7) need to (V)原形 熟「V する必要がある」 right now 熟「すぐに」 think A over / over A 熟「A を熟考する」
    próblem 名「問題」 cárefully 副「慎重に」
(8) would like to (V)原形 熟「V したいと思う」 émphasize 動「〜を強調する」 nóbody 代「誰も…ない」
    care about A 熟「A に関心がある」 íssue 名「問題」
(9) come 動「来る」 méeting 名「会議」 so 副「それほど」 impórtant 形「重要な」
(10) háppen 動「起きる」 dínosaur 名「恐竜」 still 副「まだ」 remáin C 動「C のままである」 mýstery 名「謎」

第12講 形式主語／形式目的語の it

　不定詞の名詞的用法「…すること」や名詞節 that SV「S が V すること」を主語にする場合，これらを主語の位置に置かずに形式主語 it を使うのが普通です。また，不定詞の名詞的用法を第5文型（SVOC）の目的語にする場合,形式目的語 it を使います。これらの it を「それ」と訳してはいけません。

例文1

It is not easy | to learn a foreign language | .
形式S　V　　C　　　　　　　　　　　　　　真のS

外国語を習得することは簡単ではない。

> éasy 形「簡単な」　learn 動「～を習得する」　lánguage 名「言語」

> **point** It は形式主語で（「それ」と訳してはいけません），to learn a foreign language が真の
> 　　　　　　　　　　　　　　　　　　　　　　　　　　　　　(V)　　　　　　　　　(O)
> 　　　　　主語です。

例文2

It is natural | for parents to love their children | .
形式S　V　　C　　　　　　　　　　　　　　真のS

親が子どもを愛するのは当然だ。

> nátural 形「自然の，天然の，当然の」　párent 名「親」　love 動「～を愛する」
> child 名「子ども（複数形 children）」

> **point** It は形式主語で（「それ」と訳してはいけません），for parents to love their children が
> 　　　　　　　　　　　　　　　　　　　　　　　　　　　　　　　　　　(V)　　　　　(O)
> 　　　　　真の主語です（for A to (V) で「A が V する…」）。この for A は to 不定詞の意味上の主
> 　　　　　語と呼ばれます。

例文3

It is strange | that the second door is open | .
形式S　V　　C　　　　　　　　　　　　真のS

2番目のドアが開いているのは奇妙だ。

> stránge 形「奇妙な」　sécond 形「2番目の」　door 名「ドア」　open 形「開いている」

> **point** It は形式主語で（「それ」と訳してはいけません），that the door is open が真の主語です。
> 　　　　　　　　　　　　　　　　　　　　　　　　　　　(接)　　　(S)　(V)　(C)

例文4

It is said | that Hideki is honest | .
形式S　V　　　　　　　　　真のS

ヒデキは正直だと言われている。

> say 動「～と言う（say-said-said）」　hónest 形「正直な」

> **point** It は形式主語で（「それ」と訳してはいけません），that Hideki is honest が真の主語です。
> 　　　　　　　　　　　　　　　　　　　　　　　　　　　　(接)　　(S)　(V)　(C)

例文5

I found it difficult to understand the book.
S　V　形式O　C　　　　　真のO

私はその本を理解することを難しいと思った。

> find O C 動「O を C だと思う」　difficult 形「難しい」
> understánd 動「～を理解する（understand-understood-understood）」

> **point** it は形式目的語で（「それ」と訳してはいけません），to understand the book が真の目
> 　　　　　　　　　　　　　　　　　　　　　　　　　　　　　　(V)　　　　　　(O)
> 　　　　　的語です。

EXERCISES A

① 形式主語と真の主語の両方を ☐ で囲み（形式目的語と真の目的語は ＿＿＿），動詞（V）に ＿＿＿ を引きましょう。 ② 英文を日本語に訳しましょう。

1

(1) It is not easy to learn a foreign language.

----

(2) It is natural for parents to love their children.

----

(3) It is strange that the second door is open.

----

(4) It is said that Hideki is honest.

----

(5) I found it difficult to understand the book.

2

(1) It is very hard to ride this horse.

hard 形「難しい，困難な」
ride 動「～に乗る」
horse 名「馬」

----

(2) It is possible for us to communicate with our pets.

póssible 形「可能な」
commúnicate 動「共感し合う」
pet 名「ペット」

----

(3) It is a pity that Donald never apologizes.

píty 名「残念なこと」
néver 副「決して…しない，一度も…しなかった」
apólogize 動「謝罪する」

----

(4) It is said that dinosaurs died out millions of years ago.

dínosaur 名「恐竜」
die out 熟「絶滅する」
millions of A 熟「何百万という A」
year 名「年」 ago 副「…前に」

----

(5) We find it difficult to live on our salaries.

dífficult 形「難しい」
live on A 熟「A で暮らす」
sálary 名「給料」

EXERCISES B

① 形式主語と真の主語の両方を [   ] で囲み（形式目的語と真の目的語は ＿＿＿＿），動詞（V）に ＿＿＿＿ を引きましょう。　② 英文を日本語に訳しましょう。

(1) It is hard to get used to driving in foreign countries. （和洋女子大）

----

(2) It was a big mistake for the mayor to carry out that plan. （専修大）

----

(3) It is absolutely clear that he is innocent in the matter. （中央大）

----

(4) It is often said that music is a universal language for all people. （中村学園大）

----

(5) She found it difficult to adjust herself to life in the new school. （創価大）

----

(1) hard 形「難しい，困難な」　get used to A 熟「A に慣れる」　drive 動「運転する」　fóreign 形「外国の」　cóuntry 名「国」

(2) big 形「大きい」　mistáke 名「間違い」　máyor 名「市長」　cárry A out / out A 熟「A を実行する」　plan 名「計画」

(3) ábsolutely 副「完全に」　clear 形「明らかな，明確な」　ínnocent 形「潔白の」　mátter 名「事件，問題」

(4) often 副「よく」　músic 名「音楽」　univérsal 形「普遍的な」　lánguage 名「言語」　all 形「すべての」　péople 名「人々」

(5) dífficult 形「難しい」　adjúst onesélf to A 熟「A に順応する」　life 名「生命，人生，生活」　new 形「新しい」　school 名「学校」

(6) It is a waste of time to get upset over trivial things. （上智大）

----

(7) It is impossible for fish to live without water. （駿河台大）

----

(8) It never occurred to me that my words would hurt her feelings. （川崎医療福祉大）

----

(9) It is rumored that the fire was caused by a careless smoker. （東邦大）

----

(10) Globalization made it easier to learn about foreign events. （大阪経済大）

----

(6) waste 名「浪費」 time 名「時間」 get upsét 熟「取り乱す」 trívial 形「ささいな」 thing 名「こと，もの」
(7) impóssible 形「不可能な」 fish 名「魚」 live 動「生きる」 withóut 前「～なしに」 wáter 名「水」
(8) néver 副「決して…しない，一度も…しなかった」 occúr 動「(考えなどが) 思い浮かぶ」 word 名「言葉」
hurt 動「～を傷つける (hurt-hurt-hurt)」 féeling 名「気持ち」
(9) rúmor 動「(be rumored で) 噂される」 fire 名「火事」 cause 動「～を引き起こす」 cáreless 形「不注意な」
smóker 名「喫煙者」
(10) globalizátion 名「グローバル化」 éasy 形「簡単な」 léarn abóut A 熟「A について知る」 fóreign 形「外国の」
evént 名「出来事」

第13講 〈副詞〉SV

主語の前（文頭）に副詞的要素（副詞・副詞句・副詞節をまとめてこう呼びます）が来ることがあります。この講ではそうしたパターンの英文の読解を練習します。文頭の副詞的要素の後ろにはカンマが付くのが普通です（ないこともあります）。

Today, rugby is very popular in Japan.

今日，ラグビーは日本で大人気だ。

> todáy 副「今日（は）」　rúgby 名「ラグビー」　pópular 形「人気のある」

> **point** 文は主語で始まるとは限りません。ここでは主語の前に副詞 Today が来ています。

After lunch, Reina went back to the college.

昼食後，レイナは大学に戻った。

> after 前「～の後で」　lunch 名「昼食」　go back 熟「戻る (go-went-gone)」　cóllege 名「大学」

> **point** 主語の前に副詞句（前置詞句）After lunch が来ています。前置詞の付いた名詞は主語になれません。

If it rains tomorrow, I will not go out.

もし明日雨が降れば，私は外出しないつもりだ。

> rain 動「雨が降る」　tomórrow 副「明日（は）」　go out 熟「外出する」

> **point** 主語の前に副詞節 If it rains tomorrow が来ています。

Seeing me, Rei smiled kindly.

私を見て，レイは優しく微笑んだ。

> see 動「～を見る (see-saw-seen)」　smile 動「微笑む」　kíndly 副「優しく」

> **point** 主語の前に (V)ing の副詞的用法である分詞構文が来ています。この場合の (V)ing は「V して，V すると，V したら」などと訳します。

Seen from here, the island looks like a turtle.

ここから見ると［ここから見られると］，その島はカメのように見える。

> here 副「ここに，ここで」　ísland 名「島」　look like A 熟「A のように見える」　túrtle 名「カメ」

> **point** 主語の前に Vp.p. の副詞的用法である分詞構文が来ています。この場合の Vp.p. は「V されて，V されると，V されたら」などと訳します。

EXERCISES A

① 主語（S）を □ で囲み，動詞（V）に ＿＿＿ を引きましょう。
② 英文を日本語に訳しましょう。

1

(1) Today, rugby is very popular in Japan.

---

(2) After lunch, Reina went back to the college.

---

(3) If it rains tomorrow, I will not go out.

---

(4) Seeing me, Rei smiled kindly.

---

(5) Seen from here, the island looks like a turtle.

2

(1) Just now, Kimie pointed at me and smiled.

just now 熟「ついさっき」
point 動「指差す」
smile 動「微笑む」

---

(2) At that time, Spain ruled Cuba.

at that time 熟「当時（は）」
rule 動「～を支配する」

---

(3) Although you are rich, I do not think you are happy.

althóugh 接「…であるけれども」
rich 形「裕福な」
think 動「～と思う」
háppy 形「幸福な」

---

(4) Looking out of the window, Hina saw a beautiful rainbow.

look out of A 熟「A の外を見る」
see 動「～を見る（see-saw-seen）」
béautiful 形「美しい」
ráinbow 名「虹」

---

(5) Written in simple French, this book is suitable for you.

write 動「～を書く（write-wrote-written）」 símple 形「簡単な」
Frénch 名「フランス語」
súitable 形「適した」

---

① 主語（S）を □ で囲み，動詞（V）に ＿＿＿ を引きましょう。
② 英文を日本語に訳しましょう。

(1) This morning I ate my breakfast more quickly than usual. （会津大）

---

(2) In Japan, leaves turn red and yellow in the fall. （國學院大）

---

(3) While her mother was out, Mary was taking care of her little brothers. （国士舘大）

---

(4) Driving through the desert, tourists can enjoy beautiful scenery. （専修大）

---

(5) Compared with her sister, Mary is quite active and cheerful. （創価大）

---

(1) eat 動「〜を食べる（eat-ate-eaten）」 quíckly 副「急いで」
(2) leaf 名「葉（複数形 leaves）」 turn C 動「C になる」 red 形「赤い」 yéllow 形「黄色い」 fall 名「秋」
(3) while 接「…している間に」 be out 熟「外出している」 take care of A 熟「A の面倒を見る」
　　 bróther 名「（little brother で）弟」
(4) drive 動「ドライブする」 through 前「〜を通り抜けて」 désert 名「砂漠」 enjóy 動「〜を楽しむ」
　　 béautiful 形「美しい」 scénery 名「景色」
(5) compáre A with B 動「A を B と比べる」 quite 副「かなり」 áctive 形「活発な」 chéerful 形「陽気な」

(6) Maybe one day Jessica will visit her grandmother in Japan.

（鎌倉女子大）

----

(7) For security reasons it is important that you change your passwords regularly.

（昭和女子大）

----

(8) After the power went out we couldn't use the elevator.

（杏林大）

----

(9) Turning to the left, you will find the university buildings.

（愛知学院大）

----

(10) Surrounded by a lot of TV reporters, the actor looked very embarrassed.

（奥羽大）

----

(6) máybe 副「ひょっとしたら」 one day 熟「いつか」 vísit 動「〜を訪問する」 grándmother 名「祖母」

(7) secúrity 名「安全」 réason 名「理由」 impórtant 形「重要な」 chánge 動「〜を変える」
password 名「パスワード」 régularly 副「定期的に」

(8) áfter 接「…した後に」 pówer 名「電力」 go out 熟「消える（go-went-gone）」 use 動「〜を使う」
élevator 名「エレベーター」

(9) turn 動「向く」 left 名「左」 find 動「〜を見つける（find-found-found）」 univérsity 名「大学」 búilding 名「建物」

(10) surróund 動「〜を囲む」 a lot of A 熟「たくさんの A」 repórter 名「レポーター」 áctor 名「役者」
look C 動「C に見える」 embárrassed 形「当惑した」

主語と動詞の間に主語を修飾する形容詞句が入り込むことで，主語と動詞が離れることがあります。

One (of my friends) <u>saw</u> a UFO last night.
S   V   O
私の友人のひとりが昨夜 UFO（未確認飛行物体）を見た。

> see 動「〜を見る（see-saw-seen）」 UFO 名「UFO（未確認飛行物体）」

point 主語 One を前置詞句（of my friends）が修飾しています。

People (in this town) <u>live</u> for a long time.
S   V
この町の人々は長生きする。

> péople 名「人々」 town 名「町」 live 動「生きる」 for a long time 熟「長時間」

point 主語 People を前置詞句（in this town）が修飾しています。

Your plan (to open a school here) <u>is</u> not <u>practical</u>.
S   V   C
ここに学校を開くあなたの計画は現実的ではない。

> plan 名「計画」 open 動「〜を開く」 school 名「学校」 here 副「ここに，ここで」
> práctical 形「現実的な」

point 主語 Your plan を to 不定詞の形容詞的用法（to open a school here）が修飾しています。

The man (dancing over there) <u>is</u> my <u>husband</u>.
S   V   C
むこうで踊っている男性は私の夫だ。

> man 名「男，男性」 dance 動「踊る」 over there 熟「むこうで，むこうに」 húsband 名「夫」

point 主語 The man を現在分詞の形容詞的用法（dancing over there）が修飾しています。

The languages (spoken here) <u>are</u> <u>English and French</u>.
S   V   C
ここで話されている言語は英語とフランス語だ。

> lánguage 名「言語」 speak 動「〜を話す」 here 副「ここに，ここで」 Énglish 名「英語」
> Frénch 名「フランス語」

point 主語 The languages を過去分詞の形容詞的用法（spoken here）が修飾しています。

> 例文4 The man の the，例文5 The languages の the は，後ろの表現によって限定される the（後方照応の the）で，訳しません。

EXERCISES A

① 主語（S）を [＿＿] で，主語を修飾する形容詞句を（　　）で囲み，動詞（V）に ＿＿ を引きましょう。　② 英文を日本語に訳しましょう。

1

(1) One of my friends saw a UFO last night.

----

(2) People in this town live for a long time.

----

(3) Your plan to open a school here is not practical.

----

(4) The man dancing over there is my husband.

----

(5) The languages spoken here are English and French.

2

(1) The speed of light is very fast.

speed 名「速度」
light 名「光」
fast 形「速い」

----

(2) A friend from the U.S. wants to climb Mt. Fuji.

friend 名「友人」
want to (V)原形 動「V したいと思う」
climb 動「～に登る」

----

(3) The right to vote is central to our political system.

right 名「権利」　vote 動「投票する」
céntral 形「重要な」
polítical 形「政治の」
sýstem 名「制度」

----

(4) The boy talking to Nao is very intelligent.

boy 名「少年」
talk 動「話す」
intélligent 形「聡明な」

----

(5) The examples shown by the teacher were not clear.

exámple 名「例」
show 動「～を示す（show-showed-shown）」
clear 形「明らかな，明確な」

----

① 主語（S）を □ で，主語を修飾する形容詞句を（　　）で囲み，動詞（V）に ＿＿＿ を引きましょう。　② 英文を日本語に訳しましょう。

(1) The sound of thunder always makes me anxious. （立命館大）

---

(2) The girl with short hair must be Keiko. （中部大）

---

(3) His ambition to become president is likely to be realized. （愛知医科大）

---

(4) Ships carrying toys and books were preparing to leave for New York. （金城学院大）

---

(5) The painting stolen from the museum has not been found yet. （東京国際大）

---

(1) sound 名「音」　thúnder 名「雷」　álways 副「いつも」　ánxious 形「不安な」
(2) girl 名「女の子」　short 形「短い」　hair 名「髪の毛」　must 助「…にちがいない」
(3) ambítion 名「念願，野望」　becóme C 動「C になる」　président 名「大統領，社長」
　　be likely to (V)原形 熟「V する可能性が高い」　réalize 動「〜を達成する，実現する」
(4) ship 名「船」　cárry 動「〜を運ぶ」　toy 名「玩具」　prepáre to (V)原形 動「V する準備をする」
　　leave for A 熟「A に向けて出発する，旅立つ」
(5) páinting 名「絵」　steal 動「〜を盗む（steal-stole-stolen）」　muséum 名「博物館，美術館」
　　find 動「〜を見つける（find-found-found）」　yet 副「（否定文で）まだ」

(6) The amount of available oil on the planet is limited. （会津大）

----

(7) The recipe for this soup is very simple, but it's really delicious. （名城大）

----

(8) One way to improve your English is to read as many English books as you can.

（中部大）

----

(9) Most of the bacteria living in the human body don't do us any harm. （摂南大）

----

(10) The official statement made by the president shocked the entire nation. （桜美林大）

----

(6) amóunt 名「量」 aváilable 形「使用可能な」 oil 名「石油」 plánet 名「惑星，(the planet で) 地球」
limited 形「有限の」
(7) récipe 名「レシピ」 soup 名「スープ」 símple 形「簡単な」 réally 副「本当に，実に」
delícious 形「とてもおいしい」
(8) way 名「方法」 impróve 動「～を改善する」 read 動「～を読む」 as ... as S can 熟「できるだけ…」
(9) most 名「大半」 bactéria 名「バクテリア」 húman 形「人間の」 body 名「体」 do A harm 熟「A に害を与える」
any 形「(not ... any ～で) 少しも」
(10) offícial 形「公式の」 státement 名「声明」 président 名「大統領，社長」 shock 動「～をぎょっとさせる」
entíre 形「全体の」 nátion 名「国民」

第15講 S（関係代名詞節）V

主語と動詞の間に関係詞節が入り込むことで，主語と動詞が離れることがあります。

The man (who lives next door) works for a bank.
S 　　　　　　　　　　　　　　　V
となりに住んでいる男性は銀行で働いている。

live 動「住んでいる」　next door 熟「となりに」　work 動「働く」　bank 名「銀行」

point 主語 The man を関係代名詞節 (who lives next door)
が説明しています。The man works for a bank. と
He lives next door. の 2 文を合わせてできた文です。

主格	所有格	目的格
who	whose	who(m)
which	whose	which

The woman (whose book you borrowed) is my friend.
S 　　　　　　　　　　　　　　　　　V 　　　C
あなたが本を借りた女性は私の友人だ。

wóman 名「女性」　book 名「本」　bórrow 動「～を借りる」　friend 名「友人」

point 主語 The woman を関係代名詞節 (whose book you borrowed) が説明しています。
The woman is my friend. と You borrowed her book. の 2 文を合わせてできた文です。

The dictionaries (that Hidemi wrote) are very useful.
S 　　　　　　　　　　　　　　　　V 　　　　　C
ヒデミが書いた辞書は非常に役に立つ。

díctionary 名「辞書」　write 動「～を書く（write-wrote-written）」　úseful 形「役に立つ」

point 主語 The dictionaries を関係代名詞節 (that Hidemi wrote) が説明しています。The
dictionaries are very useful. と Hidemi wrote them. の 2 文を合わせてできた文です。
主格と目的格の関係代名詞として that が用いられることがあります。

The idol group (I like best) is Hinatazaka46.
S 　　　　　　　　　　　　　V 　　　C
私が最も好きなアイドルグループは日向坂 46 だ。

idol 名「アイドル」　group 名「グループ」　best 副「最も」

point 主語 The idol group を関係代名詞節 (which [that] I like best) が説明しています（目
的格の関係代名詞は省略されることがあります）。The group is Hinatazaka46. と I
like it best. の 2 文を合わせてできた文です。

The hospital (in which I was born) was very small.
S 　　　　　　　　　　　　　V 　　　C
私が生まれた病院はとても小さかった。

hóspital 名「病院」　be born 動「生まれる」　small 形「小さい」

point 主語 The hospital を関係代名詞節 (in which I was born) が説明しています。このよ
うに，関係代名詞節は「前置詞＋関係代名詞」で始まることがあります。The hospital
was very small. と I was born in it. の 2 文を合わせてできた文です。

EXERCISES A

① 主語（S）を ☐ で，主語を説明する関係代名詞節を（ ）で囲み，動詞（V）に ___ を引きましょう。 ② 英文を日本語に訳しましょう。

1

(1) The man who lives next door works for a bank.

----

(2) The woman whose book you borrowed is my friend.

----

(3) The dictionaries that Hidemi wrote are very useful.

----

(4) The idol group I like best is Hinatazaka46.

----

(5) The hospital in which I was born was very small.

2

(1) The boy who is dancing on the stage is my son.

boy 名「少年」
dance 動「踊る」
stage 名「舞台」
son 名「息子」

----

(2) The mountain whose top we can see from here is Mt. Everest.

móuntain 名「山」
top 名「頂上」
see 動「～を見る」
from here 熟「ここから」

----

(3) The bakery that Makiko found was closed.

bákery 名「パン屋」
find 動「～を見つける（find-found-found)」
clósed 形「閉じた」

----

(4) Everything he says is a lie.

éverything 代「すべてのこと，もの」
say 動「～を言う」
lie 名「嘘」

----

(5) The library in which Aika studies is near the station.

líbrary 名「図書館」
stúdy 動「勉強する」
near 前「～の近くに」
státion 名「駅」

----

① 主語（S）を□□で，主語を説明する関係代名詞節を（　　　）で囲み，動詞（V）に＿＿＿＿を引きましょう。　② 英文を日本語に訳しましょう。

(1) The woman who lives upstairs is noisy. （会津大）

----

(2) The person whose opinions I respect most is my mother. （兵庫医療大）

----

(3) The grief that I underwent was beyond description. （関西学院大）

----

(4) The biggest challenge the world faces today is poverty. （専修大）

----

(5) The conditions under which the laborers work are very bad in that country.

（法政大）

---

(1) wóman 名「女性」　live 動「住んでいる」　úpstairs 副「上の階で」　nóisy 形「騒がしい」

(2) pérson 名「人」　opínion 名「意見」　respéct 動「～を尊敬する，尊重する」　most 副「最も（much の最上級）」
móther 名「母」

(3) grief 名「深い悲しみ」　undergó 動「～を経験する（undergo-underwent-undergone）」
beyond descríption 熟「言葉では言い表せない」

(4) big 形「大きい（big-bigger-biggest）」　chállenge 名「課題」　fáce 動「～に直面する」　todáy 副「今日（では）」
póverty 名「貧困」

(5) condítion 名「条件，状況，環境」　láborer 名「労働者」　work 動「働く」　bad 形「悪い」　cóuntry 名「国」

(6) The firm that makes Tabasco is a family run company. (亜細亜大)

---

(7) The man whose car was stolen called the police. (大阪産業大)

---

(8) The girl whom Hiroshi is going to marry is my best friend. (京都光華女子大)

▶ @For Study

(9) The rice I bought at the local shop tastes good for its price. (東北医科薬科大)

---

(10) The woman with whom John fell in love left him after a few months. (玉川大)

@For Study

(9) Mr. Araki looks young <u>for his age</u>.
アラキ氏は<u>年齢の割には</u>若く見える。

---

(6) firm 名「会社」　make 動「〜を作る (make-made-made)」　Tabásco 名「タバスコ」　family run 形「家族経営の」
cómpany 名「会社」

(7) man 名「男」　car 名「車」　steal 動「〜を盗む (steal-stole-stolen)」　call 動「〜に電話をかける」　políce 名「警察」

(8) girl 名「(未婚の) 女性」　be going to (V)原形 熟「V しようとしている」　márry 動「〜と結婚する」
best 形「最良の (good の最上級)」　friend 名「友人」

(9) rice 名「米」　buy 動「〜を買う (buy-bought-bought)」　lócal 形「地元の」　shop 名「店」
taste C 動「C な味がする」　good 形「よい」　price 名「値段，価格」

(10) wóman 名「女性」　fall in love with A 熟「A に恋をする」　leave 動「〜から離れる，去る」
few 形「(a few で) 少しの，多少の」　month 名「(暦の) 月」

To tell the truth, it (形式S) does not always pay (V) to tell the truth (真のS). （大妻女子大）

point 先頭の To tell the truth は「実を言うと」を意味する熟語表現（不定詞の副詞的用法）。it は形式主語で，後ろの to tell the truth が真の主語です。また，ここでの pay は「割に合う」の意味です。

【訳例】 実を言うと，真実を語ることはいつも割に合うわけではない。

第 3 章

総 合 問 題

総合問題 ①

1 ① 主語（S）を ☐ で囲み，動詞（V）に ＿＿＿ を引きましょう。
② 英文を日本語に訳しましょう。

(1) Wet wood doesn't burn easily.

----

(2) Gold is a very heavy metal.

----

(3) I saw a strange girl with long hair in the park.

----

(4) We will discuss global warming next week.

----

(5) Do you know how important health is?

---

(1) wet 形「湿った」　wood 名「木材」　burn 動「燃える」　éasily 副「簡単に」

(2) gold 名「金」　héavy 形「重い」　métal 名「金属」

(3) see 動「〜を見る（see-saw-seen）」　stránge 形「見知らぬ」　long 形「長い」　hair 名「髪の毛」　park 名「公園」

(4) discúss 動「〜について話し合う」　global wárming 名「地球温暖化」　next week 副「来週（に）」

(5) know 動「〜を知っている，わかっている」　how 副「どれほど」　impórtant 形「重要な」　health 名「健康」

(6) A police officer gave him a ticket for speeding.

---

(7) Science and technology make our modern life possible.

---

(8) Watching videos on YouTube is my favorite pastime.

---

(9) It is necessary to be a good reader.

---

(10) The shortage of hospital workers is a serious problem.

---

(6) políce officer 名「警察官」 tícket 名「切符，チケット」 spéeding 名「スピード違反」
(7) scíence 名「科学」 technólogy 名「技術」 módern 形「現代の，現代的な」 life 名「生命，人生，生活」
póssible 形「可能な」
(8) watch 動「～を見る」 vídeo 名「動画」 fávorite 形「一番好きな」 pástime 名「気晴らし」
(9) nécessary 形「必要な」 good 形「よい」 réader 名「読者」
(10) shórtage 名「不足」 hóspital 名「病院」 wórker 名「仕事をする人，労働者」 sérious 形「深刻な」
próblem 名「問題」

2 ① 主語（S）を □ で囲み，動詞（V）に ＿＿＿ を引きましょう。

② 英文を日本語に訳しましょう。

(1)　Betty gave Carl a present yesterday.　　　　　　　　　　　（大阪商業大）

----

(2)　Seen from the outside, the room looks empty.　　　　　　　（武蔵大）

----

(3)　The company should reduce its running costs.　　　　　　　（青山学院大）

----

(4)　When I was a child, I played the violin.　　　　　　　　　（奥羽大）

----

(5)　It is clear that Nancy loves Tommy.　　　　　　　　　　　（関西医科大）

----

(1)　présent 名「プレゼント」　yésterday 副「昨日」
(2)　see 動「～を見る（see-saw-seen）」　óutside 名「外」　room 名「部屋」　look C 動「C に見える」
　　émpty 形「空いている」
(3)　cómpany 名「会社」　should 助「…すべきである」　redúce 動「～を減らす」　running costs 名「維持費」
(4)　child 名「子ども」　play 動「（楽器）を演奏する」　violín 名「バイオリン」
(5)　clear 形「明らかな，明確な」　love 動「～を愛している」

(6) This rainy season makes me blue.　　　　　　　　　　　　　　　　（追手門学院大）

-----

(7) The price of the book has risen recently.　　　　　　　　　　　　（多摩美術大）

-----

(8) In Japan, people regard punctuality as a matter of course.　　　（拓殖大）

-----

(9) My watch has stopped working.　　　　　　　　　　　　　　　　（杏林大）

-----

(10) The woman sitting opposite me on the train is my aunt.　　　　（名古屋学芸大）

-----

(6) ráiny 形「雨の」　séason 名「季節」　blue 形「憂鬱な」
(7) price 名「価格，値段」　book 名「本」　rise 動「上がる（rise-rose-risen）」　récently 副「最近」
(8) péople 名「人々」　regárd A as B 熟「A を B だと考える」　punctuálity 名「時間厳守」
　　a mátter of cóurse 名「当然のこと」
(9) watch 名「腕時計」　work 動「機能する」
(10) wóman 名「女性」　sit 動「座る」　ópposite 前「〜の向かいに」　train 名「電車」　aunt 名「おば」

総合問題 ②

1 ① 主語（S）を□で囲み，動詞（V）に_____を引きましょう。
② 英文を日本語に訳しましょう。

(1) That man owns this large building.

----

(2) We enjoyed watching the rugby game.

----

(3) The people deprived the king of his wealth and power.

----

(4) They named their first child Naoki.

----

(5) My parents don't let me drive in the rain.

----

(1) man 名「男，男性」 own 動「〜を所有している」 large 形「大きな」 búilding 名「建物」
(2) enjóy 動「〜を楽しむ」 watch 動「〜を見る」 rúgby 名「ラグビー」 game 名「試合」
(3) péople 名「人々」 depríve A of B 熟「A から B を奪う」 king 名「王」 wéalth 名「富」 pówer 名「権力」
(4) first 形「最初の」 child 名「子ども」
(5) párent 名「親」 let O (V)原形 動「O に V させる」 drive 動「運転する」 rain 名「雨」

(6) What I want to say is that grammar is very useful.

----

(7) It is not surprising that Ayaka is interested in bonsai.

----

(8) When she heard the news, she remembered her school days.

----

(9) The ability to think logically is very important for students.

----

(10) The road that leads to the factory is narrow.

----

(6) want to (V)原形 動「V したいと思う」 say 動「〜を言う（say-said-said）」 grámmar 名「文法」
úseful 形「役に立つ」
(7) surprísing 形「驚くべき」 be ínterested in A 熟「A に興味を持っている」 bonsái 名「盆栽」
(8) hear 動「〜を聞く（hear-heard-heard）」 news 名「ニュース」 remémber 動「〜を思い出す」
school days 名「学生時代」
(9) abílity 名「能力」 think 動「考える」 lógically 副「論理的に」 impórtant 形「重要な」 stúdent 名「学生，生徒」
(10) road 名「道」 lead 動「つながる（lead-led-led）」 fáctory 名「工場」 nárrow 形「狭い」

2 ① 主語（S）を □ で囲み，動詞（V）に ___ を引きましょう。
    ② 英文を日本語に訳しましょう。

(1) It is very difficult to keep up with the latest fashions.　(名城大)

----

(2) Last year my parents spent their vacation in New Zealand.　(奥羽大)

----

(3) The building with the red roof is our school.　(中部大)

----

(4) Natasha gave me 500 dollars in exchange for the painting.　(大阪薬科大)

----

(5) Many spectators found the game exciting.　(芝浦工業大)

----

(1) dífficult 形「難しい」　keep up with A 熟「A についていく」　látest 形「最新の」　fáshion 名「流行」
(2) párent 名「親」　spend 動「〜を過ごす（spend-spent-spent）」　vacátion 名「休暇」
(3) búilding 名「建物」　red 形「赤い」　roof 名「屋根」　school 名「学校」
(4) dóllar 名「ドル」　in exchánge for A 熟「A と交換に」　páinting 名「絵」
(5) many 形「多くの」　spéctator 名「観客」　game 名「試合」　excíting 形「刺激的な」

(6) After graduating, I practiced medicine for four years in London. （関西外国語大）

---

(7) What Jane said made us very angry. （大阪経済大）

---

(8) In the end, they decided to buy a new house. （福岡工業大）

---

(9) The person they met yesterday is a friend of mine. （広島修道大）

---

(10) As soon as he came home, George took a shower. （流通経済大）

---

(6) gráduate 動「卒業する」 práctice médicine 熟「医業を営む」

(7) say 動「～を言う（say-said-said）」 ángry 形「怒っている」

(8) in the end 熟「ついに」 decíde to (V)原形 動「V することを決断する」 buy 動「～を買う（buy-bought-bought）」 new 形「新しい」 house 名「家」

(9) pérson 名「人」 meet 動「～に会う（meet-met-met）」 yésterday 副「昨日」

(10) as soon as 接「…してすぐに」 home 副「わが家に」 shówer 名「シャワー」

総合問題 ③

1 ① 主語 (S) を ☐ で囲み，動詞 (V) に ＿＿ を引きましょう。
　② 英文を日本語に訳しましょう。

(1) Mina sleeps with stuffed bears every night.

------

(2) I will never forgive you.

------

(3) Mr. Ueda mentioned a classic movie in his lecture.

------

(4) My son sometimes asks whether a whale is a fish.

------

(5) My mother bought me a nice dress.

------

(1) sleep 動「寝る，眠る」　stúffed bear 名「クマのぬいぐるみ」　évery night 副「毎晩」
(2) néver 副「決して…しない，一度も…しなかった」　forgíve 動「～を許す」
(3) méntion 動「～に言及する」　clássic 形「古典の」　móvie 動「映画」　lécture 名「講義」
(4) son 名「息子」　sómetimes 副「時々」　ask 動「～を尋ねる」　whale 名「クジラ」　fish 名「魚」
(5) móther 名「母」　nice 形「素敵な」　dress 名「ドレス」

80

(6) You will find the weather very hot in Brazil.

----

(7) Have you ever seen a chair thrown through a window?

----

(8) When Socrates was born is not clear.

----

(9) The heavy snow made it very hard to visit the village.

----

(10) The boy who I see on the train every day looks very cool.

----

(6) wéather 名「天気，気候，天候」 hot 形「暑い」
(7) chair 名「いす」 throw 動「～を投げる (throw-threw-thrown)」 through 前「～を通して」 wíndow 名「窓」
(8) Sócrates 名「ソクラテス（人名）」 be born 動「生まれる」 clear 形「明らかな，明確な」
(9) héavy 形「(雨や風が) 強い」 snow 名「雪」 hard 形「難しい，困難な」 vísit 動「～を訪問する」 víllage 名「村」
(10) boy 名「少年」 see 動「～を見る」 train 名「電車」 évery day 副「毎日」 cool 形「かっこいい」

2 ① 主語 (S) を ▢ で囲み，動詞 (V) に ＿＿＿ を引きましょう。
② 英文を日本語に訳しましょう。

(1) Unlike clothing, jewelry trends do not change rapidly.　　　　　　　（中村学園大）

＿＿＿＿＿＿＿＿＿＿＿＿＿＿＿＿＿＿＿＿＿＿＿＿＿＿＿＿＿＿＿＿＿＿＿＿＿＿＿

(2) It is not my duty to carry out such an unrealistic plan.　　　　　　（千葉工業大）

＿＿＿＿＿＿＿＿＿＿＿＿＿＿＿＿＿＿＿＿＿＿＿＿＿＿＿＿＿＿＿＿＿＿＿＿＿＿＿

(3) One of the toys I bought for my son was damaged.　　　　　　　（跡見学園女子大）

＿＿＿＿＿＿＿＿＿＿＿＿＿＿＿＿＿＿＿＿＿＿＿＿＿＿＿＿＿＿＿＿＿＿＿＿＿＿＿

(4) He found it hard to change his way of life.　　　　　　　　　　　（愛知工業大）

＿＿＿＿＿＿＿＿＿＿＿＿＿＿＿＿＿＿＿＿＿＿＿＿＿＿＿＿＿＿＿＿＿＿＿＿＿＿＿

(5) If you're too busy, frozen vegetables can save your time.　　　　　（鎌倉女子大）

＿＿＿＿＿＿＿＿＿＿＿＿＿＿＿＿＿＿＿＿＿＿＿＿＿＿＿＿＿＿＿＿＿＿＿＿＿＿＿

----

(1) unlíke 前「～とは違って」　jéwelry 名「宝石類」　trend 名「流行」　chánge 動「変わる」　rápidly 副「急速に」
(2) dúty 名「義務」　cárry A out / out A 熟「A を実行する」　such 形「そのような」　unrealístic 形「非現実的な」
　　plan 名「計画」
(3) toy 名「おもちゃ，玩具」　buy 動「～を買う (buy-bought-bought)」　son 名「息子」　dámaged 形「傷ついた」
(4) hard 形「難しい，困難な」　chánge 動「～を変える」　way 名「方法」　life 名「生命，人生，生活」
(5) too 副「…すぎる」　búsy 形「忙しい」　frózen 形「凍った」　végetable 名「野菜」　save 動「～を節約する」
　　time 名「時間」

82

(6) He told me that his mother was very sick last week. (神奈川大)

----

(7) The theory he created 100 years ago holds true even now. (駒澤大)

----

(8) David needs to finish his homework by the end of the week. (南山大)

----

(9) My brother dislikes hard work, but he is very competent. (立命館大)

----

(10) Visiting a foreign country opens your eyes and broadens your horizons.

(大阪経済大)

----

(6) móther 名「母」 sick 形「具合が悪い」 last week 副「先週」
(7) théory 名「理論」 creáte 動「～を生み出す」 year 名「年」 ago 副「…前に」 hold true 熟「有効である」
    even 副「…さえ」 now 副「今」
(8) fínish 動「～を終える」 hómework 名「宿題」 by 前「～までに」 end 名「終わり」 week 名「週」
(9) bróther 名「兄弟」 dislíke 動「～が嫌いである」 hard work 名「重労働」 cómpetent 形「有能な」
(10) vísit 動「～を訪問する」 fóreign 形「外国の」 cóuntry 名「国」 ópen 動「～を開く」 eye 名「目」
    bróaden 動「～を広げる」 horízon 名「(horizons で) 視野」

総合問題 ④

1 ① 主語（S）を ☐ で囲み，動詞（V）に ＿＿＿ を引きましょう。
② 英文を日本語に訳しましょう。

(1) I want a ticket to the World Cup final.

----

(2) Philosophers try to answer difficult questions about life.

----

(3) Most people long for peace and safety in the world.

----

(4) You had better keep this document a secret.

----

(5) I want you to make the right decision.

---

(1) tícket（to A）名「（A の）切符，チケット」 fínal 名「決勝（戦）」
(2) philósopher 名「哲学者」 try to (V)原形 動「V しようとする」 dífficult 形「難しい」 quéstion 名「質問」
life 名「生命，人生，生活」
(3) most 形「たいていの」 long for A 熟「A を切望する」 peace 名「平和」 sáfety 名「安全」
(4) had better (V)原形 助「V するほうがよい」 dócument 名「文書」 sécret 名「秘密」
(5) right 形「正しい」 decísion 名「決断」

84

(6)　To make a plan is easy, but to carry it out is difficult.

---

(7)　It is believed by many people that pets go to Rainbow Bridge after death.

---

(8)　In the morning, Carlos left for Lebanon.

---

(9)　The woman having lunch at the next table is a vet.

---

(10)　The baby whose name was called by his parents looked happy.

---

(6)　plan 名「計画」　éasy 形「簡単な」　cárry A out / out A 熟「A を実行する」　dífficult 形「難しい」
(7)　belíeve 動「～を信じる」　many 形「多くの」　péople 名「人々」　pet 名「ペット」　ráinbow 名「虹」　brídge 名「橋」　death 名「死」
(8)　mórning 名「朝」　leave for A 熟「A に向けて出発する，旅立つ」　Lébanon 名「レバノン（地名）」
(9)　wóman 名「女性」　lunch 名「昼食」　next 形「となりの」　table 名「テーブル」　vet 名「獣医」
(10)　báby 名「赤ちゃん」　name 名「名前」　call 動「～を呼ぶ」　párent 名「親」　háppy 形「幸せそうな」

2 ① 主語（S）を ☐ で囲み，動詞（V）に ＿＿＿ を引きましょう。
② 英文を日本語に訳しましょう。

(1) Anxiety about his safety has deprived me of my appetite. (畿央大)

＿＿＿＿＿＿＿＿＿＿＿＿＿＿＿＿＿＿＿＿＿＿＿＿＿＿＿＿＿＿＿＿＿＿＿＿

(2) I don't know where I am. I might have lost my way. (京都産業大)

＿＿＿＿＿＿＿＿＿＿＿＿＿＿＿＿＿＿＿＿＿＿＿＿＿＿＿＿＿＿＿＿＿＿＿＿

(3) The police officer found the lost three-year-old child on a busy street. (松山大)

＿＿＿＿＿＿＿＿＿＿＿＿＿＿＿＿＿＿＿＿＿＿＿＿＿＿＿＿＿＿＿＿＿＿＿＿

(4) If the bus arrives late, you will miss your train to Nagoya. (愛知医科大)

＿＿＿＿＿＿＿＿＿＿＿＿＿＿＿＿＿＿＿＿＿＿＿＿＿＿＿＿＿＿＿＿＿＿＿＿

(5) Calcium is necessary for the development of strong bones. (学習院女子大)

＿＿＿＿＿＿＿＿＿＿＿＿＿＿＿＿＿＿＿＿＿＿＿＿＿＿＿＿＿＿＿＿＿＿＿＿

---

(1) anxíety 名「不安」 sáfety 名「安全」 depríve A of B 熟「A から B を奪う」 áppetite 名「食欲」

(2) may have Vp.p. 助「V したかもしれない」 lose one's way 熟「道に迷う」

(3) políce officer 名「警察官」 lost 形「行方不明の」 three-year-old 形「3 歳の」 busy 形「にぎやかな」 street 名「通り」

(4) bus 名「バス」 arríve 動「到着する」 late 副「遅れて」 miss 動「（乗り物）に乗り遅れる」

(5) cálcium 名「カルシウム」 nécessary 形「必要な」 devélopment 名「発達」 bone 名「骨」

86

(6) I've never had a thing said like that to me in my life. （熊本保健科学大）

---

(7) They argue that improvements in health care are needed. （九州産業大）

---

(8) The new rules at the museum prohibited visitors from smoking in the building.

（法政大）

---

(9) The pizza we ordered will be delivered immediately. （広島修道大）

---

(10) This software makes it possible to calculate the costs quickly. （広島工業大）

---

(6) néver 副「決して…しない，一度も…しなかった」 thing 名「こと，もの」 like 前「～のような」
life 名「生命，人生，生活」

(7) árgue that SV 動「…だと主張する」 impróvement 名「改善」 health care 名「健康管理」 need 動「～を必要とする」

(8) new 形「新しい」 rule 名「規則」 muséum 名「博物館，美術館」
prohíbit O from (V)ing 熟「O が V するのを禁止する」 búilding 名「建物」

(9) pízza 名「ピザ」 órder 動「～を注文する」 delíver 動「～を配達する」 immédiately 副「すぐに」

(10) sóftware 名「ソフトウェア」 póssible 形「可能な」 cálculate 動「～を計算する」 cost 名「経費，費用」

総合問題 ⑤

1 ① 主語 (S) を ☐ で囲み，動詞 (V) に ＿＿＿ を引きましょう。
② 英文を日本語に訳しましょう。

(1) These leaves turn yellow in autumn.

----

(2) She couldn't stand the noise from outside.

----

(3) We think of Kazu as one of the best soccer players in the world.

----

(4) Masahiko asked us if we supported his plan.

----

(5) I had my purse stolen on the train last night.

----

(1) leaf 名「葉（複数形 leaves）」 yéllow 形「黄色い」 áutumn 名「秋」
(2) cannot stand 動「～を我慢できない」 noise 名「騒音」 óutside 名「外」
(3) think of A as B 熟「A を B だと考える」 best 形「最もよい（good の最上級）」 pláyer 名「選手」 world 名「世界」
(4) suppórt 動「～を支持する」 plan 名「計画」
(5) purse 名「財布」 steal 動「～を盗む（steal-stole-stolen）」 train 名「列車，電車」 last night 副「昨夜」

⑹　Drinking alcohol can make you unhealthy.

⑺　That you are studying English now is wonderful.

⑻　It is impossible for Tom to complete the mission.

⑼　Walking around in the park this morning, I found abandoned kittens.

⑽　The man to whom Seira is talking is our new teacher.

⑹　drink 動「～を飲む」　alcohol 名「アルコール」　unhéalthy 形「不健康な」
⑺　stúdy 動「～を勉強する」　now 副「今」　wónderful 形「素晴らしい」
⑻　impóssible 形「不可能な」　compléte 動「～を完了する」　míssion 名「任務」
⑼　walk aróund 熟「歩き回る」　this mórning 副「今朝」　abándoned 形「捨てられた」　kítten 名「子ネコ」
⑽　talk 動「話す」　new 形「新しい」　téacher 名「先生」

2 ① 主語 (S) を ▢ で囲み，動詞 (V) に ＿＿＿ を引きましょう。
② 英文を日本語に訳しましょう。

(1) I foolishly wasted my precious free time on a stupid movie last night. （大阪薬科大）

- -

(2) The number of people suffering from cancer has been increasing. （大阪経済大）

- -

(3) On my way home I saw the road blocked with fallen trees. （桜美林大）

- -

(4) People who are always exposed to dust may suffer from breathing difficulties.

（藤田保健衛生大）
- -

(5) It is our job as teachers to point out our students' mistakes. （岐阜聖徳学園大）

- -

---

(1) fóolishly 副「愚かにも」　waste 動「～を無駄にする」　précious 形「貴重な」　free 形「自由な」　time 名「時間」
stúpid 形「くだらない」　móvie 名「映画」　last night 副「昨夜」
(2) númber 名「数」　péople 名「人々」　suffer from A 動「A に苦しむ」　cáncer 名「ガン」　incréase 動「増える」
(3) on one's way home 熟「帰宅途中で」　road 名「道」　block 動「～をふさぐ」　fállen 形「倒れた」　tree 名「樹木」
(4) péople 名「人々」　álways 副「いつも」　be expósed to A 熟「A にさらされている」　dust 名「ほこり」
suffer from A 動「A に苦しむ」　bréathing 名「呼吸」　dífficulty 名「困難」
(5) job 名「仕事」　as 前「～として（の）」　point A out / out A 熟「A を指摘する」　stúdent 名「生徒」
mistáke 名「間違い」

(6) She is working energetically to rebuild her father's enterprise. (中央大)

(7) In the past decades, scientific knowledge has advanced greatly. (名城大)

(8) Being careful about what you eat is not easy but important. (創価大)

(9) What seems easy at first often turns out to be difficult. (青山学院大)

(10) Although we were not really hungry, the beef stew Ann had cooked smelled delicious.

(東京電機大)

---

(6) work 動「働く」　energétically 副「精力的に」　rebuild 動「～を再建する」　fáther 名「父」　énterprise 名「事業」
(7) past 形「過去の」　decáde 名「10 年間」　scientífic 形「科学の」　knówledge 名「知識」　advánce 動「前進する」　gréatly 副「大いに」
(8) cáreful 形「気を付けている」　eat 動「～を食べる」　not A but B 熟「A ではなく B」　easy 形「簡単な」　impórtant 形「重要な」
(9) seem C 動「C のように思える」　at first 熟「最初は」　turn out to be C 熟「C であると判明する」　dífficult 形「難しい」
(10) réally 副「本当に，実に」　húngry 形「空腹の」　beef 名「牛肉」　stew 名「シチュー」　cook 動「～を料理する」　smell C 動「C のにおいがする」　delícious 形「とてもおいしい」

英文読解入門 10 題ドリル

著　　者	田　中　健　一
発　行　者	山　﨑　良　子
印刷・製本	日　経　印　刷　株　式　会　社

発　行　所　　駿台文庫株式会社
〒101-0062　東京都千代田区神田駿河台1-7-4
小畑ビル内
TEL. 編集 03(5259)3302
販売 03(5259)3301
《⑤-136pp.》

ISBN978-4-7961-1149-2　Printed in Japan

解答
解説

駿台受験シリーズ

英文読解入門
10題ドリル

田中健一　著

目　　次

第1章 文型の「基本訳」を覚えよう

第1講 第1文型 SV　　(問題 p.8〜11)

EXERCISES A

1　問題 p.8 を参照。

2　(1)　Flowers (S) bloom (V).
花は［が］咲く。

(2)　Most students (S) study (V) hard.
たいていの生徒は熱心に勉強する。

> 生徒の答案　「多くの生徒は熱心に勉強する」
> 解説　ここでの most は「たいていの，大部分の」の意味です（「多くの」は many の訳語なので不可）。

(3)　The beautiful bird (S) flew (V) north.
（その）美しい鳥は北へ飛んでいった。

> ☀ 定冠詞 the は「その」と訳すほうがいいときもあれば，訳さないほうがいいときもあります。

(4)　We (S) swim (V) in the river on hot days.
私たちは暑い日に（その）川で泳ぐ。

> ☀ 前置詞句は多くの場合，「前の名詞を修飾する形容詞句」か「名詞以外（主に動詞）を修飾する副詞句」になります。in the river と on hot days は前置詞句で，ここでは共に副詞句です。

(5)　Mizuki (S) lived (V) in Niigata three years ago.
ミヅキは3年前新潟に住んでいた。

> ☀ in Niigata は前置詞句で，ここでは副詞句です。「新潟に3年前」としても誤りではありません。

EXERCISES B

(1)　Pineapples (S) grow (V) in a tropical climate.
パイナップルは熱帯気候で育つ。

> ☀ in a tropical climate は前置詞句で，ここでは副詞句です。

(2)　Good questions (S) often lead (V) to good discussions.
よい質問はしばしばよい議論につながる。

> ☀ often, always, sometimes などの副詞が主語と動詞の間に入ることがあります。

> 生徒の答案　「よい質問はしばしばよい議論を導く」
> 解説　leader「指導者」の印象から「〜を導く」と訳したくなる気持ちはわかりますが，これは主に他動詞用法（後ろに目的語がある用法）での訳語なので避けるのが無難です。

(3)　Their quarrel (S) began (V) because of a slight misunderstanding.
彼らの口論はちょっとした誤解が原因で始まった。

> ☀ because of A「Aが原因で」の because of は2語まとめて1つの前置詞扱いです。in front of A「Aの前で」の in front of をひとまとまりの前置詞と考えるのと同様です。

(4) <u>She</u> (S) <u>works</u> (V) part-time at a convenience store.

彼女はコンビニでパートタイムで働いている［アルバイトをしている］。

> ☀ at a convenience store は前置詞句で，ここでは副詞句です。

(5) <u>Mr. Yamada</u> (S) <u>can communicate</u> (V) in both English and German.

ヤマダ氏は英語とドイツ語の両方でやりとりすることができる。

> ☀ in both English and German は前置詞句で，ここでは副詞句です。

(6) <u>Slavery</u> (S) still <u>exists</u> (V) in many countries.

奴隷制度はまだ多くの国で存在する。

> ☀ 副詞 still が主語と動詞の間に入っています。in many countries は前置詞句で，ここでは副詞句です。

(7) <u>She</u> (S) <u>travels</u> (V) from Tokyo to Toronto several times every year.

彼女は毎年数回，東京からトロントへ旅行する。

> ☀ several times と every year は名詞が副詞的に働く熟語です。

(8) <u>This fine weather</u> (S) <u>will last</u> (V) for three days.

この好天気は3日間続くだろう。

> ☀ for three days は前置詞句で，ここでは副詞句です。

(9) <u>You</u> (S) <u>should behave</u> (V) politely to others.

（あなたは）他人に礼儀正しく振る舞うべきだ。

> ☀ ここでの You は「総称の you」と呼ばれるもので，自分も話し相手も含んだ一般の人を表し，訳さないほうが自然です。to others は前置詞句で，ここでは副詞句です。

(10) <u>Their old life styles</u> (S) <u>were disappearing</u> (V) .

彼らの古い生活様式は消滅しつつあった。

> ☀ stop「止まる」や die「死ぬ」など，瞬間的に完結する動詞の進行形は「…しつつある，…しかけている」と訳します。were disappering は過去進行形です（be (V)ing でまとめて1つの動詞と考えます）。

第2講 第2文型 SVC （問題 p.12 ～ 15）

EXERCISES A

1 問題 p.12 を参照。

2 (1) <u>He</u> (S) <u>is</u> (V) <u>a famous scientist</u> (C).

彼は有名な科学者だ。

(2) <u>Some animals</u> (S) <u>are</u> (V) <u>active</u> (C) at night.

一部の動物は夜に活動的だ。

> ☀ 前置詞句は多くの場合，「前の名詞を修飾する形容詞句」か「名詞以外（主に動詞）を修飾する副詞句」になります。at night は前置詞句で，ここでは副詞句です。「夜に活動的な動物もいる」のように訳しても構いません。

(3) <u>That poor girl</u>(S) <u>became</u>(V) <u>a princess</u>(C).

あの［その］貧しい少女はお姫様になった。

> ☀ 形容詞的に用いられる代名詞の that は「あの」とするほうがいいときもあれば，「その」とするほうがいいときもあります。

(4) <u>Many people</u>(S) <u>feel</u>(V) <u>tired</u>(C) at work.

多くの人々は職場で疲れを感じる。

> ☀ at work は前置詞句で，ここでは副詞句です。「職場で疲れを感じる人は多い」のように訳しても構いません。

> 生徒の答案 「多くの人が職場で疲れを感じた」
> 解説 英文の feel は現在形なので「感じた」は不可です。

(5) <u>She</u>(S) <u>looked</u>(V) <u>sleepy</u>(C) after lunch.

彼女は昼食後に眠そうに見えた。

> ☀ after lunch は前置詞句で，ここでは副詞句です。

EXERCISES B

(1) <u>Global warming</u>(S) <u>is</u>(V) <u>a very important issue</u>(C) for the world.

地球温暖化は世界にとって［世界にとっての］非常に重要な問題だ。

> ☀ for the world は前置詞句で，副詞句だと考えれば「世界にとって」（important を修飾），形容詞句だと考えれば「世界にとっての」になります。

(2) <u>Fertile soil</u>(S) <u>is</u>(V) <u>indispensable</u>(C) for a good harvest.

肥沃な土壌は良い収穫のために絶対必要だ。

> ☀ for a good harvest は前置詞句で，ここでは副詞句です。

(3) <u>Illegal drugs</u>(S) <u>have become</u>(V) <u>a huge problem</u>(C).

違法薬物は非常に大きい問題になった。

> ☀ have [has] Vp.p. は現在完了形で，「…した，してきた」などと訳します。have [has] Vp.p. でまとめて1つの動詞と考えます。

(4) <u>She</u>(S) <u>remained</u>(V) <u>calm</u>(C) in the face of such tragedy.

彼女はそんな悲劇に直面しても冷静なままだった。

> ☀ in the face of A「Aに直面しても」の in the face of は4語まとめて1つの前置詞扱いです。in front of A「Aの前で」の in front of をひとまとまりの前置詞と考えるのと同様です。「冷静さを保っていた」でも構いません。

(5) <u>He</u>(S) <u>seemed</u>(V) <u>nervous</u>(C) during the interview.

彼は（その）面接の間，緊張しているように思われた。

> ☀ during the interview は前置詞句で，ここでは副詞句です。

(6) The smart phone (S) is (V) now an essential means (C) of communication.

スマートフォンは今，コミュニケーションの不可欠な手段だ。

> ☀ 副詞 now が動詞 is と補語 an essential means の間に入っています。of communication は前置詞句で，ここでは形容詞句です。ここでの The smart phone（the＋名詞の単数形）は「総称的用法」と呼ばれるもので「（一般の）スマートフォン（というもの）」の意味です。

(7) The Japanese summer (S) is (V) hot and humid (C).

日本の夏は暑くて湿度が高い［高温多湿だ］。

> ☀ and は等位接続詞で，形容詞 hot と形容詞 humid をつないでいます。The Japanese summer の The は，話し手と聞き手が共有している知識から特定できることを示していて，訳しません。

(8) Michiko (S) will soon get (V) used (C) to living in this city.

ミチコはこの都市で暮らすことにすぐに慣れるだろう。

> ☀ 助動詞 will と動詞 get の間に副詞 soon が入り込んでいます。living in this city は動名詞句です。

(9) John (S) felt (V) bored and sleepy (C) in Mrs. Johnson's class.

ジョンはジョンソン先生の授業で，退屈で眠く感じた。

> ☀ and は等位接続詞で，形容詞 bored と形容詞 sleepy をつないでいます。「眠気を感じた」のように訳しても構いません。

(10) The mountain (S) looked (V) black (C) against the evening sky.

（その）山は夕空を背景に黒く見えた。

> ☀ against the evening sky は前置詞句で，ここでは副詞句です。the evening sky の the は，話し手と聞き手が共有している知識から特定できることを示していて，訳しません。evening sky は summer vacation「夏休み」と同様，前の名詞が後ろの名詞を修飾する表現です。

第3講 第3文型 SVO ①　　　　　　　　　　　　　　　　（問題 p.16〜19）

EXERCISES A

1 問題 p.16 を参照。

2 (1) We (S) play (V) soccer (O) almost every day.

私たちはほぼ毎日サッカーをする。

(2) Ichiro (S) wears (V) a red jacket (O).

イチロウは赤いジャケットを身に付けている。

(3) You (S) should not trust (V) me (O).

あなたは私を信頼するべきではない。

(4) Rika (S) took (V) a nice photo of her friends (O).

リカは（彼女の）友人たちのよい写真を撮った。

> ☀ 前置詞句は多くの場合，「前の名詞を修飾する形容詞句」か「名詞以外（主に動詞）を修飾する副詞句」になります。of her friends は前置詞句で，ここでは形容詞句です。所有格は訳すほうがいいときもあれば，訳さないほうがいいときもあります。

(5) My father (S) walks (V) our dog (O) along the beach.

（私の）父は浜辺沿いに（私たちの）犬を散歩させる。

> ☀ along the beach は前置詞句で，ここでは副詞句です。

EXERCISES B

(1) You (S) should return (V) the book (O) as soon as possible.

（あなたは）できる限り早くその本を返すべきだ。

> ☀ as ... as possible「できるだけ…」は，as ... as S can とすることもあります。ここなら as soon as you can としてもほぼ同じ意味です。

(2) We (S) have found (V) a much better method to learn English (O).

私たちは英語を習得するはるかによい方法を見つけた。

> ☀ have found は現在完了形。to learn English は to 不定詞の形容詞的用法です。

> 生徒の答案 「私たちは英語を習得するためのよりよい方法を見つけた」
> 解説 to 不定詞の形容詞的用法を機械的に「…するための」とする答案が目立ちますが，「…する」で十分な場合が大半です（「…するための」としても減点されないでしょうが）。比較級の強調 much「はるかに」を訳し漏らす答案もよくあります。こちらは減点対象です。

(3) He (S) didn't break (V) the vase (O) on purpose, so please don't scold (V) him (O).

彼は故意に（その）花瓶を割ったのではないので，彼を叱らないでください。

> ☀ on purpose は前置詞句で，ここでは副詞句です。ここでの so は接続詞で，「それで, だから」の意味です。don't scold him は否定の命令文です。

(4) Did you (S) hurt (V) him (O) intentionally?

あなたは彼をわざと傷つけたのか。

> ☀ 一般動詞文の yes / no 疑問文は「Do［Does / Did］＋主語＋(V)原形 ...?」の語順にします。

(5) She (S) ran (V) a bakery and an apartment house (O).

彼女はパン屋とアパートを経営していた。

> ☀ and は等位接続詞で，名詞 a bakery と名詞 an apartment house をつないでいます。

(6) He (S) recommended (V) an examination of the lungs (O).

彼は肺の検査を奨励した。

> ☀ of the lungs は前置詞句で，ここでは形容詞句です。the lungs の the は，話し手と聞き手が共有している知識から特定できることを示していて，訳しません。

(7) Jennifer (S) has quit (V) her part-time job (O) to concentrate on her studies.

ジェニファーは（彼女の［自分の］）勉強に集中するためにアルバイトを辞めた。

> ☀ has quit は現在完了形。to concentrate on her studies は不定詞の副詞的用法（目的）です。

(8) I (S) apologized (V) to him many times, but he (S) didn't forgive (V) me (O).

私は何度も彼に謝ったが，彼は私を許さなかった。

> ☀ to him は前置詞句で，ここでは副詞句です。many times も副詞句です。but は等位接続詞で，文と文をつないでいます。

(9) His lecture (S) attracts (V) the attention of many students (O).

彼の講義は多くの学生の注意を引く。

> ☀ the attention の the は，後ろの表現によって限定される the（後方照応の the）で，訳しません。of many students は前置詞句で，ここでは形容詞句です。

(10) We (S) booked (V) a table for four (O) at the Italian restaurant for Mary's birthday party.

私たちはメアリーの誕生会のために，イタリアンレストランで 4 人用のテーブルを予約した。

> ☀ for four は前置詞句で，ここでは形容詞句です。at the Italian restaurant と for Mary's birthday party も前置詞句ですが，これらは共に副詞句です。

第4講 第3文型 SVO ②　　　　(問題 p.20 ～ 23)

EXERCISES A

1 問題 p.20 を参照。

2 (1) I (S) want (V) a turtle (O) as a pet.

私はペットとしてカメがほしい。

> ☀ 前置詞句は多くの場合,「前の名詞を修飾する形容詞句」か「名詞以外（主に動詞）を修飾する副詞句」になります。as a pet は前置詞句で，ここでは副詞句です。

(2) He (S) opposed (V) our plans (O).

彼は私たちの計画に反対した。

(3) Ami (S) entered (V) the theater (O) at four.

アミは 4 時に（その）劇場に入った。

> ☀ at four は前置詞句で，ここでは副詞句です。

(4) The climbers (S) reached (V) the summit (O) at noon.

（その）登山家たちは正午に（その）頂上に到達した。

> ☀ at noon は前置詞句で，ここでは副詞句です。

(5) We (S) must consider (V) all possibilities (O).

私たちはすべての可能性についてよく考えなければならない。

EXERCISES B

(1) My grandmother (S) likes (V) precious stones such as rubies and diamonds (O).

（私の）祖母はルビーやダイヤモンドのような貴重な石［宝石］が好きだ。

> ☀ A such as B（≒ such A as B）の B は A の具体例です。

(2) I (S) met (V) her (O) at Nagoya Station by chance.

私は偶然名古屋駅で彼女に会った。

> ☀ at Nagoya Station と by chance は前置詞句で，ここではどちらも副詞句です。

(3) $\underline{\text{My handsome boyfriend}}_{(S)}$ $\underline{\text{resembles}}_{(V)}$ $\underline{\text{a movie star}}_{(O)}$.

（私の）ハンサムなボーイフレンドは（ある）映画スターに似ている。

> ☀ movie star「映画スター」は summer vacation「夏休み」などと同様, 前の名詞が後ろの名詞を修飾している表現です。

(4) $\underline{\text{Many people}}_{(S)}$ $\underline{\text{attended}}_{(V)}$ $\underline{\text{the lecture by a famous film director}}_{(O)}$.

多くの人が（ある）有名な映画監督による講演に出席した。

> ☀ by a famous film director は前置詞句で, ここでは形容詞句です。

(5) $\underline{\text{Michelle}}_{(S)}$ $\underline{\text{married}}_{(V)}$ $\underline{\text{Carl}}_{(O)}$ last September and $\underline{\text{moved}}_{(V)}$ to California.

ミシェルは昨年の9月にカールと結婚し, カリフォルニアに引っ越した。

> ☀ and は等位接続詞で, 動詞 married と動詞 moved をつないでいます。to California は前置詞句で, ここでは副詞句です。

(6) $\underline{\text{His plane}}_{(S)}$ $\underline{\text{is approaching}}_{(V)}$ $\underline{\text{Manchester Airport}}_{(O)}$.

彼の（乗る）飛行機はマンチェスター空港に接近している。

> ☀ is approaching ... は現在進行形です（be (V)ing でまとめて1つの動詞と考えます）。

(7) $\underline{\text{You}}_{(S)}$ $\underline{\text{can't enter}}_{(V)}$ $\underline{\text{the national park}}_{(O)}$ without a permit.

（あなたは）許可書がないとその国立公園には入れません。

> ☀ ここでの You は「総称の you」です（第1講 EXERCISES B (9)参照）。without a permit は前置詞句で, ここでは副詞句です。

(8) $\underline{\text{Some people}}_{(S)}$ $\underline{\text{don't obey}}_{(V)}$ $\underline{\text{the rules and regulations}}_{(O)}$ at all.

一部の人々は（その）規則や規制に全然従わない。

> ☀ and は等位接続詞で, 名詞 rules と名詞 regulations をつないでいます。「規則や規制に全然従わない人もいる」のように訳しても構いません。

(9) $\underline{\text{The professor}}_{(S)}$ $\underline{\text{lectured}}_{(V)}$ $\underline{\text{his students}}_{(O)}$ on a major contributor to cancer.

（その）教授はがんの主要な誘因について（彼の）学生に講義した。

> ☀ on a major contributor は前置詞句で, ここでは副詞句です。to cancer も前置詞句ですが, こちらは形容詞句です。

(10) $\underline{\text{We}}_{(S)}$ $\underline{\text{discussed}}_{(V)}$ $\underline{\text{the matter}}_{(O)}$ for a long time, but $\underline{\text{didn't reach}}_{(V)}$ $\underline{\text{a conclusion}}_{(O)}$.

私たちは長時間その問題について議論したが, 結論に達しなかった。

> ☀ for a long time は前置詞句で, ここでは副詞句です。but は等位接続詞で, ここでは動詞と動詞をつないでいます。

第5講 第3文型 SVO ③ Oが句や節 （問題 p.24 ～ 27）

EXERCISES A

1 問題 p.24 を参照。

2 (1) She (S) wants (V) to go to Wimbledon (O).
彼女はウィンブルドンに行きたいと思っている。

> ☀ 前置詞句は多くの場合,「前の名詞を修飾する形容詞句」か「名詞以外（主に動詞）を修飾する副詞句」になります。to Wimbledon は前置詞句で，ここでは副詞句です。

(2) You (S) should avoid (V) eating between meals (O).
（あなたは）間食することを避けるべきだ。

> ☀ ここでの You は「総称の you」と呼ばれるもので，自分も話し相手も含んだ一般の人を表し，訳さないほうが自然です。between meals は前置詞句で，ここでは副詞句です。

(3) Everyone (S) knows (V) that the earth is round (O).
だれもが地球は丸いことを知っている。

> ☀ the earth「地球」や the world「世界」のように，1つしかないものに付く the は訳しません。

(4) I (S) do not know (V) why my wife is angry (O).
私はなぜ（私の）妻が怒っているのかわからない。

(5) We (S) don't know (V) if we can rely on him (O).
私たちは彼に頼れるかどうかわからない。

EXERCISES B

(1) The boy (S) began (V) to breathe normally after a while (O).
（その）少年はしばらくして正常に呼吸をし始めた。

> ☀ after a while は前置詞句で，ここでは副詞句です。

(2) The dog (S) started (V) barking at the sight of the bear (O).
（その）イヌは（その）クマを見て吠え始めた。

> ☀「V し始める」は start [begin] (V)ing と start [begin] to (V)原形 のどちらでも表現できます。

(3) We (S) know (V) that the earth goes around the sun (O).
私たちは地球が太陽の周りを回っていることを知っている。

> ☀ around the sun は前置詞句で，ここでは副詞句です。the earth と the sun の the は1つしかないものに付く the で，訳しません。

(4) She (S) could not say (V) why she liked that painting (O).
彼女はなぜその［あの］絵が好きかを言えなかった。

> ☀「その絵が好きな理由」のように訳しても構いません。

生徒の答案 「彼女はなぜその絵が好きだったかを言えなかった」
解説 why 以下の liked は過去形ですが，日本語では過去形にしません。これは英語には「時制の一致」と呼ばれる習慣がある一方で日本語にはそれがないからです。
（例）I thought that Sae was very cute.
サエはとてもかわいい［×かわいかった］と思った。

(5) I_(S) don't know_(V) if Don is reliable_(O); he_(S) never keeps_(V) his promises_(O).

私はドンが信頼できるかどうかわからない。彼は決して（彼の）約束を守らない。

> ☀ 「;」は「セミコロン」と呼ばれる記号で，句読点のひとつです。接続詞がなくても文と文をつなぐことができます。ちなみに「コロン」は「:」です。

(6) That country_(S) has decided_(V) to do away with its existing nuclear power stations_(O).

その［あの］国は（その）既存の原子力発電所を廃止することを決断した。

> ☀ has decided は現在完了形です。its は it の所有格で，it's（it is の縮約形）とは別ですから注意してください。

(7) I_(S) regretted_(V) borrowing the novel from my teacher_(O). It_(S) was_(V) too difficult_(C) for me.

私は（私の）先生から（その）小説を借りたことを後悔した。それは私には難しすぎた。

> ☀ from my teacher と for me は前置詞句で，ここでは共に副詞句です。

(8) Some people_(S) claim_(V) that fast food causes diabetes_(O).

一部の人はファストフードが糖尿病を引き起こすと主張する。

> ☀ 英語の claim は日本語の「クレーム」とは意味が違うので気を付けてください。「ファストフードが糖尿病を引き起こすと主張する人もいる」のように訳しても構いません。

(9) We_(S) want_(V) to find out who leaked the information_(O).

私たちは誰が（その）情報を漏らしたのかを探り出したい。

> ☀ to find out … が want の目的語に，who 以下が find out の目的語になっています。

(10) Do you_(S) know_(V) whether Kaori has passed the entrance exam for ABC College or not_(O)?

あなたはカオリが ABC 大学の入試に合格したかどうか知っていますか。

> ☀ for ABC College は前置詞句で，ここでは形容詞句です。the entrance exam の the は，後ろの表現によって限定される the（後方照応の the）で，訳しません。

第6講 熟語表現　　(問題 p.28 ～ 31)

EXERCISES A

1 問題 p.28 を参照。

2 (1) Ayami_(S) pressed_(V) a button_(O) and waited_(V) for the elevator.

アヤミはボタンを押し，エレベーターを待った。

> ☀ and は等位接続詞で，動詞 pressed と動詞 waited をつないでいます。

(2) The prime minister_(S) regards_(V) this situation_(O) as serious.

首相はこの状況を深刻だと考えている。

> ☀ The prime minister の the は，話し手と聞き手が共有している知識から特定できることを示していて，訳しません。

> 生徒の答案 「首相は状況を深刻としてみなす」
> 解説 regard A as B「A を B だと考える」は，辞書や単語帳によっては「A を B とみなす」の訳語が掲載されています。もちろんこれはこれで正しいのですが，「A を B としてみなす」とは言いません。

(3) This photo (S) always reminds (V) me (O) of my childhood.

この写真はいつも私に（私の）子ども時代を思い出させる。

(4) Two men (S) robbed (V) me (O) of my cash.

2 人組の男が私から（私の）現金を奪った。

(5) The snow (S) prevented (V) us (O) from flying to Hong Kong.

その雪は我々が香港に（飛行機で）飛ぶのを妨げた。

> ☀ 前置詞句は多くの場合,「前の名詞を修飾する形容詞句」か「名詞以外（主に動詞）を修飾する副詞句」になります。to Hong Kong は前置詞句で，ここでは副詞句です。

EXERCISES B

(1) Quite a few people (S) applied (V) for the job.

かなり多数の人々がその仕事に応募した。

> ☀ apply for A は「A に応募する」ですが, apply A to B は「A を B に適用する」です。同じ動詞を用いていても，共に用いられる前置詞によって意味が変わることに注意してください。

(2) We (S) look upon (V) him (O) as the best doctor in our town.

私たちは彼を（私たちの）町で最良の医師だと思っている。

> ☀ look upon でまとめてひとつの動詞と見ます。

(3) Our teacher's attitude (S) convinces (V) me (O) of his sincerity.

（私たちの）先生の態度は私に（彼の）誠実さを信じさせる。

> ☀ his sincerity を「彼が誠実だ（と信じさせる）」のように訳しても構いません。

(4) A last-minute goal (S) robbed (V) the team (O) of victory.

最後の瞬間のゴールはそのチームから勝利を奪った。

> ☀「最後の瞬間のゴールによってそのチームは勝利を奪われた」のように訳しても構いません。

(5) The government (S) prohibits (V) people under the age of 20 (O) from smoking.

政府は 20 歳未満の人がタバコを吸うのを禁じている。

> ☀ under the age of 20 は前置詞句で，ここでは形容詞句です。the government の the は，話し手と聞き手が共有している知識から特定できることを示していて，訳しません。

(6) The villagers (S) called (V) for an urgent inquiry into the train accident.

（その）村人たちは（その）列車事故の緊急調査を要求した。

> ☀ into the train accident は前置詞句で，ここでは形容詞句です。

(7) She (S) regards (V) him (O) as a man of character.

彼女は彼を人格者だと考えている。

> ☀ a man of character の character は「特性, 品位」の意味で, of は「所有の of」と呼ばれるものです。よって直訳は「品位を持つ人」。

(8) John Lennon's songs (S) always remind (V) me (O) of the happy days in my hometown.

ジョン・レノンの歌はいつも私に（私の）故郷での幸せな日々を思い出させる。

> ☀ in my hometown は前置詞句で，ここでは形容詞句です。the happy days の the は，後ろの表現によって限定される the（後方照応の the）で，訳しません。

(9) The government (S) deprived (V) him (O) of his rights as a common citizen.

政府は彼から一般市民としての（彼の）権利を奪った。

> ☀ as a common citizen は前置詞句で，ここでは形容詞句です。

(10) Bias (S) prevents (V) people (O) from understanding different foreign cultures.

偏見は人々が様々な外国文化を理解するのを妨げる。

> ☀ 「偏見があると人は様々な外国文化を理解できない」のように訳すこともありますが，当面はいわゆる「直訳」できるようになることを目指してください。

第7講 第4文型 SVO₁O₂

(問題 p.32 ～ 35)

EXERCISES A

1 問題 p.32 を参照。

2 (1) Jeff (S) gave (V) his wife (O₁) a ring with diamonds (O₂).

ジェフは（彼の）妻にダイヤモンド付きの指輪をあげた。

> ☀ 前置詞句は多くの場合，「前の名詞を修飾する形容詞句」か「名詞以外（主に動詞）を修飾する副詞句」になります。with diamonds は前置詞句で，ここでは形容詞句です。

(2) Saki (S) showed (V) the girl (O₁) the way to the theater (O₂).

サキはその少女に劇場への道を教えた。

> ☀ to the theater は前置詞句で，ここでは形容詞句です。the way の the は，後ろの表現によって限定される the（後方照応の the）で，訳しません。

(3) I (S) made (V) our cats (O₁) a new toy (O₂).

私は（私たちの）ネコに新しいおもちゃを作ってあげた。

(4) He (S) told (V) me (O₁) that he would be late for the meeting (O₂).

彼は私に（その）会議に遅刻するだろうと言った。

(5) The judge (S) asked (V) him (O₁) what his name was (O₂).

（その）裁判官は彼に（彼の）名前は何であるか尋ねた。

EXERCISES B

(1) Newspapers (S) give (V) us (O₁) useful information (O₂).

新聞は私たちに便利な情報を与えてくれる。

> ☀ give O₁O₂ で「O₁ に O₂ を与える」としっかり覚えてください。

(2) $\boxed{\text{We}}$ (S) $\underline{\text{send}}$ (V) $\underline{\text{readers}}$ (O₁) $\underline{\text{our up-to-date information on world events}}$ (O₂).

私たちは読者に（私たちの）世界の出来事に関する最新情報を送る。

> ☀ on world events は前置詞句で，ここでは形容詞句です。

(3) $\boxed{\text{I}}$ (S) $\underline{\text{read}}$ (V) $\underline{\text{him}}$ (O₁) $\underline{\text{the report}}$ (O₂). $\boxed{\text{He}}$ (S) $\underline{\text{listened}}$ (V) to me with amazement.

私は彼に（その）報告書を読んで聞かせた。彼は驚いて私に耳を傾けた。

> ☀ to me と with amazement は前置詞句で，ここでは共に副詞句です。

(4) $\boxed{\text{Mr. Hirano}}$ (S) $\underline{\text{told}}$ (V) $\underline{\text{us}}$ (O₁) $\underline{\text{that he wanted to open his restaurant in Tokyo}}$ (O₂).

ヒラノ氏は私たちに，東京で（彼の［自分の］）レストランを開きたいと言った。

> ☀ in Tokyo は前置詞句で，ここでは副詞句です。「開きたかった」は不可です（時制の一致。第5講 EXERCISES B(4)参照）。

(5) $\boxed{\text{He}}$ (S) $\underline{\text{showed}}$ (V) $\underline{\text{me}}$ (O₁) $\underline{\text{how the machine works}}$ (O₂).

彼は私に（その）機械がどのように作動するのかを教えてくれた。

> ☀ 間接疑問文が O₂ になっているパターンです。

(6) $\boxed{\text{The teacher}}$ (S) $\underline{\text{gave}}$ (V) $\underline{\text{me}}$ (O₁) $\underline{\text{permission to go home}}$ (O₂).

（その）先生は私に帰宅する許可をくれた。

> ☀ to go home は不定詞の形容詞的用法です。

(7) Could $\boxed{\text{you}}$ (S) $\underline{\text{lend}}$ (V) $\underline{\text{me}}$ (O₁) $\underline{\text{your bicycle}}$ (O₂) for a couple of days?

(あなたは）2, 3日の間，私に（あなたの）自転車を貸していただけますか。

> ☀ for a couple of days は前置詞句で，ここでは副詞句です。Could you ...? は人に何かを依頼する表現で，Can you ...? の控えめな言い方です。

(8) $\boxed{\text{Moderate exercise}}$ (S) $\underline{\text{does}}$ (V) $\underline{\text{us}}$ (O₁) $\underline{\text{good}}$ (O₂).

適度の運動は私たちに利益を与える。

> ☀ do A harm なら「A に害を与える」です。

(9) $\boxed{\text{The teacher}}$ (S) $\underline{\text{taught}}$ (V) $\underline{\text{us}}$ (O₁) $\underline{\text{that Queen Victoria died in 1901}}$ (O₂).

（その）先生は私たちにヴィクトリア女王が1901年に亡くなったと教えた。

> ☀ ここでの died は「歴史上の事実」を表す過去形です。「時制の一致」の例外です。in 1901 は前置詞句で，ここでは副詞句です。

(10) $\boxed{\text{I}}$ (S) $\underline{\text{asked}}$ (V) $\underline{\text{her}}$ (O₁) $\underline{\text{whether the concert had been crowded}}$ (O₂).

私は彼女にコンサートは混雑していたかどうかを尋ねた。

> ☀ had been は過去完了形で，過去のある時点（ここでは I asked）よりも前のことであることを表します。

第8講 第5文型 SVOC
（問題 p.36 ～ 39）

EXERCISES A

1 問題 p.36 を参照。

2 (1) <u>The man</u>(S) <u>will make</u>(V) <u>this country</u>(O) <u>great</u>(C) again.
（その）男はこの国を再び偉大にするだろう。

(2) <u>The players</u>(S) <u>call</u>(V) <u>the new coach</u>(O) <u>Mister</u>(C).
（その）選手たちは（その）新しいコーチをミスターと呼ぶ。

(3) <u>The work</u>(S) <u>looked</u>(V) <u>difficult</u>(C) at first, but <u>I</u>(S) <u>found</u>(V) <u>it</u>(O) <u>easy</u>(C) later.
（その）仕事は最初は難しく見えたが，私は後にそれを簡単だと思った。

(4) <u>Most Americans</u>(S) <u>think</u>(V) <u>Hemingway</u>(O) <u>a great writer</u>(C).
たいていのアメリカ人はヘミングウェイを偉大な作家だと考えている。

(5) <u>You</u>(S) <u>shouldn't leave</u>(V) <u>emails</u>(O) <u>unanswered</u>(C).
メールを未回答のままにするべきではない。

EXERCISES B

(1) <u>Her red dress</u>(S) <u>made</u>(V) <u>her</u>(O) <u>noticeable</u>(C) in the crowd.
（彼女の）赤いドレスは彼女を（その）群衆の中で目立つようにした。

> ☀ 前置詞句は多くの場合，「前の名詞を修飾する形容詞句」か「名詞以外（主に動詞）を修飾する副詞句」になります。in the crowd は前置詞句で，ここでは副詞句です。「赤いドレスを着ていたので彼女は群衆の中で目立っていた」のように訳しても構いません。

(2) <u>Everybody</u>(S) <u>called</u>(V) <u>her</u>(O) <u>a lucky girl</u>(C).
みんなが彼女をラッキーガールと呼んだ。

> ☀ I called her a taxi. の意味はわかりますか。「私は彼女をタクシーと呼んだ」ではさすがにおかしいですね。この文は第4文型で「私は彼女にタクシーを呼んであげた」という意味です。

(3) <u>I</u>(S) <u>found</u>(V) <u>this book</u>(O) <u>interesting</u>(C) from beginning to end.
私はこの本を始めから終わりまで面白いと思った。

> ☀ from beginning to end は前置詞句で，ここでは副詞句です。

(4) <u>You</u>(S) <u>consider</u>(V) <u>yourself</u>(O) <u>to be a poor singer</u>(C), but <u>you</u>(S)<u>'re</u>(V) not.
あなたは自分を下手な歌手だと考えているが，そんなことはない。

> ☀ you're not の後ろには a poor singer が省略されています。

(5) <u>This cup</u>(S) <u>keeps</u>(V) <u>your drink</u>(O) <u>cold</u>(C) for hours.
このカップは（あなたの）飲み物を何時間も冷たくしておく。

> ☀ 「このカップを使うと飲み物は何時間も冷たいままだ」のように訳しても構いません。for hours は前置詞句で，ここでは副詞句です。

(6) <u>The professor's rigid attitude</u>(S) <u>made</u>(V) <u>him</u>(O) <u>unpopular</u>(C) among his students.
（その）教授の融通がきかない態度は彼を（彼の）学生たちの間で不人気にした。

> ☀ 「その教授は融通がきかなかったので学生たちの間で不人気だった」のように訳しても構いません。among his students は前置詞句で，ここでは副詞句です。

(7) <u>They</u>(S) <u>elected</u>(V) <u>her</u>(O) <u>captain of the team</u>(C).
彼らは彼女を（その）チームのキャプテンに選んだ。

> ☀ of the team は前置詞句で，ここでは形容詞句です。

(8) $\underline{I}_{(S)}$ $\underline{found}_{(V)}$ $\underline{the\ latter\ part\ of\ this\ book}_{(O)}$ $\underline{quite\ boring}_{(C)}$.
私はこの本の後半部分をかなり退屈だと思った。

> ☀ of this book は前置詞句で，ここでは形容詞句です。the latter part の the は，後ろの表現によって限定される the（後方照応の the）で，訳しません。

(9) $\underline{His\ wife}_{(S)}$ $\underline{has\ made}_{(V)}$ $\underline{her\ husband}_{(O)}$ $\underline{what\ he\ is\ now}_{(C)}$.
（彼の）妻が夫を今の彼にした。

> ☀ what he is now の what は関係代名詞です。

(10) $\underline{He}_{(S)}$ $\underline{must\ have\ left}_{(V)}$ $\underline{the\ door\ of\ the\ house}_{(O)}$ $\underline{unlocked}_{(C)}$.
彼は（その）家のドアを鍵がかかっていないままにしたにちがいない。

> ☀ must have Vp.p. で「V したにちがいない」。of the house は前置詞句で，ここでは形容詞句です。the door の the は，後ろの表現によって限定される the（後方照応の the）で，訳しません。

第9講 SVO＋準動詞

(問題 p.40 ～ 43)

EXERCISES A

1 問題 p.40 を参照。

2 (1) $\underline{The\ doctor}_{(S)}$ $\underline{told}_{(V)}$ $\underline{me}_{(O)}$ $\underline{to\ stay\ in\ bed\ for\ a\ week}_{(準動詞句)}$.
（その）医師は私に1週間ベッドにいるように命じた。

> ☀ 前置詞句は多くの場合，「前の名詞を修飾する形容詞句」か「名詞以外（主に動詞）を修飾する副詞句」になります。in bed と for a week は前置詞句で，ここでは共に副詞句です。

(2) $\underline{The\ government}_{(S)}$ $\underline{makes}_{(V)}$ $\underline{us}_{(O)}$ $\underline{pay\ high\ tax}_{(準動詞句)}$.
政府は私たちに高い税金を払わせる。

(3) $\underline{You}_{(S)}$ $\underline{should\ have}_{(V)}$ $\underline{your\ brain}_{(O)}$ $\underline{checked\ immediately}_{(準動詞句)}$.
あなたはすぐに（あなたの）脳を検査してもらうべきだ。

> 「すぐに脳を検査されるべきだ」
> 日本語の「…れる，られる」は〈被害・迷惑〉の意味になってしまうことがあります。「先生にノートを見られた」と「先生にノートを見てもらった」ではニュアンスが違います。「検査される」は不自然です。

(4) $\underline{I}_{(S)}$ $\underline{have\ never\ seen}_{(V)}$ $\underline{experts}_{(O)}$ $\underline{make\ such\ a\ mistake}_{(準動詞句)}$.
私は専門家がそのような間違いを犯すのを一度も見たことがない。

(5) $\underline{A\ lot\ of\ people}_{(S)}$ $\underline{saw}_{(V)}$ $\underline{you}_{(O)}$ $\underline{talking\ to\ him}_{(準動詞句)}$.
たくさんの人が，あなたが彼と話しているのを見た。

> ☀ to him は前置詞句で，ここでは副詞句です。

EXERCISES B

(1) $\underline{I}_{(S)}$ $\underline{asked}_{(V)}$ $\underline{him}_{(O)}$ $\underline{to\ explain\ the\ reason\ for\ his\ resignation}_{(準動詞句)}$.

私は彼に（彼の）辞職の理由を説明するよう頼んだ。

> ☀ for his resignation は前置詞句で，ここでは形容詞句です。the reason の the は，後ろの表現によって限定される the（後方照応の the）で，訳しません。

(2) $\boxed{Julia}_{(S)}$ $\underline{had}_{(V)}$ $\underline{her\ secretary}_{(O)}$ $\underline{send\ the\ document\ to\ the\ committee\ members}_{(準動詞句)}$.

ジュリアは（彼女の）秘書に委員会メンバーに文書を送らせた。

> ☀ to the committee members は前置詞句で，ここでは副詞句です。

(3) $\boxed{You}_{(S)}$ $\underline{should\ have}_{(V)}$ $\underline{your\ computer}_{(O)}$ $\underline{checked\ by\ a\ reliable\ shop}_{(準動詞句)}$.

（あなたは）（あなたの）コンピューターを信頼できる店に検査してもらうべきだ。

> ☀ by a reliable shop は前置詞句で，ここでは副詞句です。

(4) $\boxed{We}_{(S)}$ $\underline{have\ never\ heard}_{(V)}$ $\underline{that\ teacher}_{(O)}$ $\underline{speak\ ill\ of\ others}_{(準動詞句)}$.

私たちはその［あの］先生が他人のことを悪く言うのを一度も聞いたことがない。

> ☀ have (never) heard は現在完了形です。

(5) $\underline{I}_{(S)}$ $\underline{heard}_{(V)}$ $\underline{a\ baby}_{(O)}$ $\underline{crying\ all\ night}_{(準動詞句)}$, and $\underline{I}_{(S)}$ $\underline{couldn't\ sleep}_{(V)}$.

私は赤ちゃんが一晩中泣いているのが聞こえて，眠れなかった。

> ☀ and は等位接続詞で，文と文をつないでいます。

(6) $\boxed{Akira's\ large\ income}_{(S)}$ $\underline{enables}_{(V)}$ $\underline{him}_{(O)}$ $\underline{to\ ski\ abroad\ every\ year}_{(準動詞句)}$.

アキラの多額の収入は彼が毎年海外でスキーをするのを可能にする。

> ☀「収入が多額なのでアキラは毎年海外でスキーをできる」のように訳しても構いません。

(7) $\underline{Don't\ let}_{(V)}$ $\underline{children}_{(O)}$ $\underline{play\ with\ fireworks\ by\ themselves}_{(準動詞句)}$.

子どもにひとりで花火で遊ばせるな。

> ☀ with fireworks は前置詞句で，ここでは副詞句です。

(8) $\boxed{He}_{(S)}$ $\underline{had}_{(V)}$ $\underline{his\ nose}_{(O)}$ $\underline{broken\ in\ the\ boxing\ match\ last\ week}_{(準動詞句)}$.

彼は先週，（その）ボクシングの試合で（彼の）鼻を折られた。

> ☀ in the boxing は前置詞句で，ここでは副詞句です。

(9) $\underline{I}_{(S)}$ $\underline{saw}_{(V)}$ $\underline{the\ boss}_{(O)}$ $\underline{come\ out\ of\ the\ building\ and\ get\ into\ a\ taxi}_{(準動詞句)}$.

私は（その）上司が（その）建物から出てきてタクシーに乗り込むのを見た。

> ☀ out of the building は前置詞句で，ここでは副詞句です。

(10) $\underline{I}_{(S)}$ $\underline{saw}_{(V)}$ $\underline{the\ patient}_{(O)}$ $\underline{leaving\ the\ hospital\ with\ a\ smile}_{(準動詞句)}$.

私は（その）患者が笑みを浮かべて退院する［（その）病院を離れる］のを見た。

> ☀ with a smile は前置詞句で，ここでは副詞句です。

EXERCISES A

1 問題 p.46 を参照。

2 (1) Swimming₍S₎ is₍V₎ good exercise₍C₎.

泳ぐこと［水泳］はよい運動だ。

> ☀ 動名詞 Swimming₍V₎ が主語になっています。

(2) Fishing in this pond₍S₎ is forbidden₍V₎.

この池で釣りをすることは禁止されている。

> ☀ 動名詞句 Fishing₍V₎ in this pond₍副₎ が主語になっています。前置詞句は多くの場合,「前の名詞を修飾する形容詞句」か「名詞以外（主に動詞）を修飾する副詞句」になります。in this pond は前置詞句で, ここでは副詞句です。

(3) Collecting stamps₍S₎ is₍V₎ not a popular hobby₍C₎ now.

切手を集めることは今, 人気のある趣味ではない。

> ☀ 動名詞句 Collecting₍V₎ stamps₍O₎ が主語になっています。

(4) Seeing old friends again₍S₎ is₍V₎ wonderful₍C₎.

旧友に再会することは素晴らしい。

> ☀ 動名詞句 Seeing₍V₎ an old friend₍O₎ again₍副₎ が主語になっています。

(5) To become a writer₍S₎ was₍V₎ his ambition₍C₎.

作家になることは彼の念願だった。

> ☀ to 不定詞句 To become₍V₎ a writer₍C₎ が主語になっています。

EXERCISES B

(1) Finding a good friend₍S₎ is₍V₎ difficult₍C₎.

親友を見つけることは難しい。

> ☀ 動名詞句 Finding₍V₎ a good friend₍O₎ が主語になっています。

(2) Surfing the Internet₍S₎ is₍V₎ not necessarily bad₍C₎.

インターネットを見て回ることは必ずしも悪くない。

> ☀ 動名詞句 Surfing₍V₎ the Internet₍O₎ が主語になっています。not ... necessarily ～「必ずしも～ではない」や not ... always ～「いつも～というわけではない」は「部分否定」と呼ばれます。

(3) Making decisions₍S₎ is₍V₎ one₍C₎ of the fundamental human rights.

決断をすることは基本的な人権のひとつだ。

> ☀ 動名詞句 Making₍V₎ decisions₍O₎ が主語になっています。of the fundamental human rights は前置詞句で, ここでは形容詞句です。the fundamental human rights の the は, 話し手と聞き手が共有している知識から特定できることを示していて, 訳しません。

17

(4) |Walking an hour a day|(S) does(V) you(O₁) good(O₂).

1日につき1時間歩くことはあなたに利益を与える。

> ☀ 動名詞句 Walking(V) an hour(副) a day(副) が主語になっています。for an hour の for が省略されています。

(5) |To have the right opinion|(S) is(V) one thing(C), but |to do the right thing|(S) is(V) another(C).

正しい意見を持つことはひとつのことで，正しいことをすることは別のことだ。

> ☀ to 不定詞句 To have(V) the right opinion(O) と to do(V) the right thing(O) が主語になっています。「正しい意見を持つことと正しいことをすることは違う」のように訳しても構いません。but は等位接続詞で，文と文をつないでいます。the right opinion と the right thing の the は，「対立の the」と呼ばれるもので，訳しません。「左右（the left, the right）」や「過去，現在，未来（the past, the present, the future）」の the も「対立の the」です。

(6) |Finding a parking space there|(S) is(V) usually easy(C) during the week.

そこで駐車スペースを見つけることは平日はふつう簡単だ。

> ☀ 動名詞句 Finding(V) a parking space(O) there(副) が主語になっています。during the week は前置詞句で，ここでは副詞句です。the week の the は，「対立の the」と呼ばれるもので，訳しません。

(7) |Raising wages|(S) is(V) impossible(C). |The company|(S) is operating(V) in the red.

賃金を上げることは不可能だ。（その）会社は赤字で操業している。

> ☀ 動名詞句 Raising(V) wages(O) が主語になっています。is operating は現在進行形です。in the red は前置詞句で，ここでは副詞句です。

(8) |Sailing across the Atlantic|(S) was(V) an interesting new experience(C) for all of us.

大西洋を横断して航海することは私たち全員にとって興味深く新しい経験だった。

> ☀ 動名詞句 Sailing(V) across the Atlantic(副) が主語になっています。across the Atlantic と for all は前置詞句で，ここでは共に副詞句です。of us も前置詞句ですが，こちらはここでは形容詞句です。

(9) |Learning foreign languages|(S) allows(V) you(O) to broaden your horizons(準動詞句).

外国語を習得することはあなたが（あなたの）視野を広げることを可能にする。

> ☀ 動名詞句 Learning(V) foreign languages(O) が主語になっています。「外国語を習得すれば（あなたは）視野を広げることができる」のように訳しても構いません。ここでの you は「総称の you」と呼ばれるもので，自分も話し相手も含んだ一般の人を表し，訳さないほうが自然です。

(10) |To trade|(S) means(V) to buy and sell goods and services(O).

取引することは商品やサービスを売り買いすることを意味する。

> ☀ to 不定詞句 To trade(V) が主語になっています。to buy and sell(V) goods and services(O) は to 不定詞の名詞的用法です。

第11講 節が主語

（問題 p.50 ～ 53）

EXERCISES A

1 問題 p.50 を参照。

2 (1) What the minister said (S) was (V) always wrong (C).

（その）大臣の言うことはいつも間違っていた。

> ☀ What (O) the minister (S) said (V) が主語になっています。

(2) What you have to do (S) is (V) to keep a diary (C).

あなたがしなければならないことは日記をつけることだ。

> ☀ What (O) you (S) have to do (V) が主語になっています。

(3) What surprised me most (S) was (V) that Mei began crying (C).

私を最も驚かせたことはメイが泣き出したことだった。

> ☀ What (S) surprised (V) me (O) most (副) が主語になっています。

(4) That our country needs a wise leader (S) is (V) obvious (C).

我が国が賢明な指導者を必要としているのは明らかだ。

> ☀ That (接) our country (S) needs (V) a wise leader (O) が主語になっています。

(5) Who told her the truth (S) is (V) unknown (C).

誰が彼女に（その）真実を伝えたのかは不明だ。

> ☀ Who (S) told (V) her (O₁) the truth (O₂) が主語になっています。

EXERCISES B

(1) What is crucial for children's learning (S) is (V) access to books (C).

子どもの学習にとって必須であるものは，本を利用する権利だ。

> ☀ What (S) is (V) crucial (C) for children's learning (副) が主語になっています。前置詞句は多くの場合，「前の名詞を修飾する形容詞句」か「名詞以外（主に動詞）を修飾する副詞句」になります。for children's learning は前置詞句で，ここでは副詞句です。to books も前置詞句ですが，こちらはここでは形容詞句です。

(2) What is necessary in our country (S) is (V) to help each other (C).

我が国で必要であることはお互いを助けることだ。

> ☀ What (S) is (V) necessary (C) in our country (副) が主語になっています。in our country は前置詞句で，ここでは副詞句です。to help each other は to 不定詞の名詞的用法です。

(3) What matters most (S) is (V) that you do your best (C).

最も重要であることは（あなたが）（あなたの）最善を尽くすことだ。

> ☀ What (S) matters (V) most (副) が主語に，that (接) you (S) do (V) your best (O) が補語になっています。

(4) That there was a problem in the original plan (S) is (V) self-evident (C).

（その）最初の計画に問題があったことは自明だ。

> ☀ That (接) there was (V) a problem (S) in the original plan (副) が主語になっています。there is [are, was, were] A で「A がいる，ある [いた，あった]」。

(5) How the baby survived such a terrible accident (S) is (V) a mystery (C) to us.

どのようにその赤ちゃんがそのようなひどい事故を切り抜けて生き残ったのかは私たちにとって謎だ。

> ☀ How (副) the baby (S) survived (V) such a terrible accident (O) が主語になっています。to us は前置詞句で，ここでは副詞句です。形容詞句と読んで「私たちにとっての謎」のように訳しても構いません。

(6) <u>What makes you special</u>(S) <u>is</u>(V) <u>your ability to connect with people</u>(C).
あなたを特別にしているものは，人と親しくなる（あなたの）能力だ。

> ☀ What(S) makes(V) you(O) special(C) が主語になっています。to connect(V) with people は不定詞の形容詞的用法です。

(7) <u>What you need to do right now</u>(S) <u>is</u>(V) <u>to think over this problem more carefully</u>(C).
あなたがすぐにする必要があることは，より慎重にこの問題を熟考することだ。

> ☀ What(O) you(S) need to do(V) right now(副) が主語になっています。to think(V) over this problem more carefully は to 不定詞の名詞的用法です。

(8) <u>What I would like to emphasize</u>(S) <u>is</u>(V) <u>that nobody cares about the issue</u>(C).
私が強調したいことは，誰も（その）問題に関心がないことだ。

> ☀ What(O) I(S) would like to emphasize(V) が主語になっています。

(9) <u>Whether he comes to the meeting or not</u>(S) <u>is</u>(V) <u>not so important</u>(C) for us.
彼が（その）会議に来るかどうかは私たちにとってそれほど重要ではない。

> ☀ Whether(接) he(S) comes(V) to the meeting(副) or not が主語になっています。to the meeting と for us は前置詞句で，ここでは共に副詞句です。

(10) <u>What happened to the dinosaurs</u>(S) still <u>remains</u>(V) <u>a mystery</u>(C).
何が恐竜に起きたのかはまだ謎のままである。

> ☀ What(S) happened(V) to the dinosaurs(副) が主語になっています。to the dinosaurs は前置詞句で，ここでは副詞句です。ここでの What は「謎のままである」ので，「こと／もの」ではなく「何」が適当です。the dinosaurs の the は「総括的用法（the ＋複数名詞）」と呼ばれるもので，訳しません。ここでは「恐竜（全体）」を意味します。

第12講 形式主語／形式目的語の it
(問題 p.54 ～ 57)

 EXERCISES A

1 問題 p.54 を参照。

2 (1) <u>It</u>(形式S) <u>is</u>(V) <u>very hard</u>(C) <u>to ride this horse</u>(真のS).
この馬に乗ることはとても難しい。

> ☀ It は形式主語で，to ride(V) this horse(O) が真の主語です。

(2) <u>It</u>(形式S) <u>is</u>(V) <u>possible</u>(C) <u>for us to communicate with our pets</u>(真のS).
私たちが（私たちの）ペットと共感し合うことは可能だ。

> ☀ It は形式主語で，for us to communicate(V) with our pets(副) が真の主語です。前置詞句は多くの場合，「前の名詞を修飾する形容詞句」か「名詞以外（主に動詞）を修飾する副詞句」になります。with our pets は前置詞句で，ここでは副詞句です。

(3) <u>It</u>(形式S) <u>is</u>(V) <u>a pity</u>(C) <u>that Donald never apologizes</u>(真のS).
ドナルドが決して謝罪しないのは残念だ。

> ☀ It は形式主語で，that(接) Donald(S) never apologizes(V) が真の主語です。

(4) <u>It</u>_(形式S) <u>is said</u>_(V) <u>that dinosaurs died out millions of years ago</u>_(真のS).

恐竜は何百万年も前に絶滅したと言われている。

> ☀ It は形式主語で，that_(接) dinosaurs_(S) died out_(V) millions of years ago_(副) が真の主語です。

(5) <u>We</u>_(S) <u>find</u>_(V) <u>it</u>_(形式O) <u>difficult</u>_(C) <u>to live on our salaries</u>_(真のO).

私たちは自分の［私たちの］給料で暮らすことを難しいと思う。

> ☀ it は形式目的語で，to live_(V) on our salaries_(副) が真の目的語です。「暮らすのは難しいと思う」のように訳しても構いません。

EXERCISES B

(1) <u>It</u>_(形式S) <u>is</u>_(V) <u>hard</u>_(C) <u>to get used to driving in foreign countries</u>_(真のS).

外国で運転することに慣れるのは難しい。

> ☀ It は形式主語で，to get_(V) used_(C) to ..._(副) が真の主語です。driving_(V) in foreign countries_(副) は動名詞句です。

(2) <u>It</u>_(形式S) <u>was</u>_(V) <u>a big mistake</u>_(C) <u>for the mayor to carry out that plan</u>_(真のS).

市長があの［その］計画を実行したことは大きな間違いだった。

> ☀ It は形式主語で，for the mayor to carry_(V) out_(副) that plan_(O) が真の主語です。that は「あれ，あの」の印象が強いかもしれませんが「それ，その」と読むべき場面もたくさんあります。

(3) <u>It</u>_(形式S) <u>is</u>_(V) <u>absolutely clear</u>_(C) <u>that he is innocent in the matter</u>_(真のS).

彼がその事件で潔白であることは完全に明らかだ。

> ☀ It は形式主語で，that_(接) he_(S) is_(V) innocent_(C) in the matter_(副) が真の主語です。in the matter は前置詞句で，ここでは副詞句です。

(4) <u>It</u>_(形式S) <u>is often said</u>_(V) <u>that music is a universal language for all people</u>_(真のS).

音楽はすべての人にとっての普遍的な言語であるとよく言われている。

> ☀ It は形式主語で，that_(接) music_(S) is_(V) a universal language_(C) for all people が真の主語です。for all people は前置詞句で，ここでは形容詞句です。

(5) <u>She</u>_(S) <u>found</u>_(V) <u>it</u>_(形式O) <u>difficult</u>_(C) <u>to adjust herself to life in the new school</u>_(真のO).

彼女は（その）新しい学校での生活に順応するのは難しいと思った。

> ☀ it は形式目的語で，to adjust_(V) herself_(O) to life_(副) in the new school が真の目的語です。to life は前置詞句で，ここでは副詞句です。in the new school も前置詞句ですが，こちらはここでは形容詞句です。

(6) <u>It</u>_(形式S) <u>is</u>_(V) <u>a waste of time</u>_(C) <u>to get upset over trivial things</u>_(真のS).

ささいなことに取り乱すことは時間の浪費だ。

> ☀ It は形式主語で，to get_(V) upset_(C) over trivial things_(副) が真の主語です。over trivial things は前置詞句で，ここでは副詞句です。

(7) <u>It</u>_(形式S) <u>is</u>_(V) <u>impossible</u>_(C) <u>for fish to live without water</u>_(真のS).

魚が水なしで生きることは不可能だ。

> ☀ It は形式主語で，for fish to live_(V) without water_(副) が真の主語です。without water は前置詞句で，ここでは副詞句です。

(8) $\boxed{\text{It}}_{(形式S)}$ never <u>occurred</u>$_{(V)}$ to me $\boxed{\text{that my words would hurt her feelings}}_{(真のS)}$.
私の言葉が彼女の気持ちを傷つけることは私には一度も思い浮かばなかった。

> ☀ It は形式主語で，that$_{(接)}$ my words$_{(S)}$ would hurt$_{(V)}$ her feelings$_{(O)}$ が真の主語です。to me は前置詞句で，ここでは副詞句です。「私の言葉が彼女の気持ちを傷つけるなんて，私は思ってもみなかった」のように訳しても構いません。

(9) $\boxed{\text{It}}_{(形式S)}$ <u>is rumored</u>$_{(V)}$ $\boxed{\text{that the fire was caused by a careless smoker}}_{(真のS)}$.
その火事は不注意な喫煙者によって引き起こされたと噂されている。

> ☀ It は形式主語で，that$_{(接)}$ the fire$_{(S)}$ was caused$_{(V)}$ by a careless smoker$_{(副)}$ が真の主語です。by a careless smoker は前置詞句で，ここでは副詞句です。

(10) $\boxed{\text{Globalization}}_{(S)}$ <u>made</u>$_{(V)}$ $\underline{\text{it}}_{(形式O)}$ easier$_{(C)}$ <u>to learn about foreign events</u>$_{(真のO)}$.
グローバル化は外国の出来事について知ることをより簡単にした。

> ☀ it は形式目的語で，to learn$_{(V)}$ about foreign events$_{(副)}$ が真の目的語です。about foreign events は前置詞句で，ここでは副詞句です。「グローバル化によって外国の出来事について知ることはより簡単になった」のように訳しても構いません。

第13講 〈副詞〉SV
（問題 p.58 ～ 61）

EXERCISES A

1 問題 p.58 を参照。

2 (1) Just now, $\boxed{\text{Kimie}}_{(S)}$ <u>pointed</u>$_{(V)}$ at me and <u>smiled</u>$_{(V)}$.
ついさっき，キミエは私を指差し，微笑んだ。

> ☀ Just now は文頭の副詞句です。前置詞句は多くの場合，「前の名詞を修飾する形容詞句」か「名詞以外（主に動詞）を修飾する副詞句」になります。at me は前置詞句で，ここでは副詞句です。

(2) At that time, $\boxed{\text{Spain}}_{(S)}$ <u>ruled</u>$_{(V)}$ <u>Cuba</u>$_{(O)}$.
当時，スペインはキューバを支配していた。

> ☀ At that time は前置詞句で，ここでは文頭の副詞句です。

> 生徒の答案 「当時のスペインはキューバを支配していた」
> 解説 前置詞句が形容詞句になる場合は前の名詞を修飾します。後ろの名詞（ここでは Spain）を修飾することはありません。

(3) Although you are rich, $\boxed{\text{I}}_{(S)}$ <u>do not think</u>$_{(V)}$ <u>you are happy</u>$_{(O)}$.
あなたは裕福であるけれども，私はあなたが幸福だとは思わない［幸福ではないと思う］。

> ☀ Although$_{(接)}$ you$_{(S)}$ are$_{(V)}$ rich$_{(C)}$ は文頭の副詞節です。

(4) Looking out of the window, $\boxed{\text{Hina}}_{(S)}$ <u>saw</u>$_{(V)}$ <u>a beautiful rainbow</u>$_{(O)}$.
（その）窓の外を見たら，ヒナは美しい虹を見た。

> ☀ Looking$_{(V)}$ out of the window$_{(副)}$ は文頭の分詞構文です。out of the window は前置詞句で，ここでは副詞句です。

(5) Written in simple French, this book(S) is(V) suitable(C) for you.

簡単なフランス語で書かれているので，この本はあなたに適している。

> ☀ Written(V) in simple French(副) は文頭の分詞構文です。in simple French と for you は前置詞句で，ここでは共に副詞句です。

EXERCISES B

(1) This morning I(S) ate(V) my breakfast(O) more quickly than usual.

今朝私は普段よりも急いで（私の）朝食を食べた。

> ☀ This morning は文頭の副詞です。more quickly は比較級です。

(2) In Japan, leaves(S) turn(V) red and yellow(C) in the fall.

日本では，葉は秋に赤色と黄色に変わる。

> ☀ In Japan は前置詞句で，ここでは文頭の副詞句です。in the fall は前置詞句で，ここでは副詞句です。the fall の the は「対立の the」と呼ばれるもので，訳しません。

(3) While her mother was out, Mary(S) was taking care of(V) her little brothers(O).

（彼女の）母親が外出している間に，メアリーは（彼女の）弟たちの面倒を見ていた。

> ☀ While(接) her mother(S) was(V) out(副) は文頭の副詞節です（While(接) her mother(S) was(V) out(C) で第2文型という考え方もあります）。

(4) Driving through the desert, tourists(S) can enjoy(V) beautiful scenery(O).

（その）砂漠を通り抜けてドライブすると，観光客は美しい景色を楽しむことができる。

> ☀ Driving(V) through the desert(副) は文頭の分詞構文です。「ドライブして」「ドライブしたら」のように訳しても構いません。through the desert は前置詞句で，ここでは副詞句です。

(5) Compared with her sister, Mary(S) is(V) quite active and cheerful(C).

（彼女の）姉と比べると［比べられると］，メアリーはかなり活発で陽気だ。

> ☀ Compared(V) with her sister(副) は文頭の分詞構文です。and は等位接続詞で，形容詞 active と形容詞 cheerful をつないでいます。「姉と比べて」「姉と比べたら」のように訳しても構いません。

(6) Maybe one day Jessica(S) will visit(V) her grandmother in Japan(O).

ひょっとしたらいつかジェシカは日本にいる（彼女の）祖母を訪問するだろう。

> ☀ Maybe と one day は文頭の副詞です。in Japan は前置詞句で，ここでは形容詞句です。

(7) For security reasons it(形式S) is(V) important(C) that you change your passwords regularly(真のS).

安全面の理由で（あなたは）定期的に（あなたの）パスワードを変更することが重要だ。

> ☀ For security reasons は前置詞句で，ここでは文頭の副詞句です。it は形式主語で，that 以下が真の主語です。

(8) After the power went out we(S) couldn't use(V) the elevator(O).

電力が消えた後，私たちは（その）エレベーターを使うことができなかった。

> ☀ After(接) the power(S) went out(V) は文頭の副詞節です。

(9) Turning to the left, you (S) will find (V) the university buildings (O).

左を向くと，（あなたは）（その）大学の建物を見つけるだろう。

> ☀ Turning (V) to the left (副) は文頭の分詞構文です。to the left は前置詞句で，ここでは副詞句です。「左を向いたら」のように訳しても構いません。

(10) Surrounded by a lot of TV reporters, the actor (S) looked (V) very embarrassed (C).

たくさんのテレビレポーターに囲まれて，その役者は非常に当惑して見えた。

> ☀ Surrounded (V) by a lot of TV reporters (副) は文頭の分詞構文です。「囲まれると」「囲まれたので」のように訳しても構いません。

第14講 S（形容詞句）V
(問題 p.62 ～ 65)

EXERCISES A

❶ 問題 p.62 を参照。

❷ (1) The speed (S) (of light) is (V) very fast (C).

光の速度はとても速い。

> ☀ 前置詞句は多くの場合，「前の名詞を修飾する形容詞句」か「名詞以外（主に動詞）を修飾する副詞句」になります。of light は前置詞句で，ここでは主語を修飾する形容詞句です。The speed の the は，後ろの表現によって限定される the（後方照応の the）で，訳しません。

(2) A friend (S) (from the U.S.) wants (V) to climb Mt. Fuji (O).

アメリカ出身の私の友人は富士山に登りたがっている。

> ☀ from the U.S. は前置詞句で，ここでは主語を修飾する形容詞句です。

(3) The right (S) (to vote) is (V) central (C) to our political system.

投票する権利（選挙権）は（私たちの）政治制度にとって重要だ［中心をなすものだ］。

> ☀ to 不定詞 to vote (V) が主語を修飾しています。to our political system は前置詞句で，ここでは副詞句です。The right の the は，後ろの表現によって限定される the（後方照応の the）で，訳しません。

(4) The boy (S) (talking to Nao) is (V) very intelligent (C).

ナオと話している少年は非常に聡明だ。

> ☀ 現在分詞句 talking (V) to Nao (副) が主語を修飾しています。to Nao は前置詞句で，ここでは副詞句です。The boy の the は，後ろの表現によって限定される the（後方照応の the）で，訳しません。

(5) The examples (S) (shown by the teacher) were (V) not clear (C).

教師によって示された例は明確ではなかった。

> ☀ 過去分詞句 shown (V) by the teacher (副) が主語を修飾しています。by the teacher は前置詞句で，ここでは副詞句です。The examples の the は，後ろの表現によって限定される the（後方照応の the）で，訳しません。

EXERCISES B

(1) The sound $_{(S)}$ (of thunder) always makes $_{(V)}$ me $_{(O)}$ anxious $_{(C)}$.

雷の音はいつも私を不安にする。

> ☀ 前置詞句 of thunder が主語を修飾しています。「雷の音でいつも私は不安になる」のように訳しても構いません。The sound の the は，後ろの表現によって限定される the（後方照応の the）で，訳しません。

(2) The girl $_{(S)}$ (with short hair) must be $_{(V)}$ Keiko $_{(C)}$.

短髪の女の子はケイコであるにちがいない。

> ☀ 前置詞句 with short hair が主語を修飾しています。助動詞 must には「…しなければならない」以外に「…にちがいない」という意味もあります。The girl の the は，後ろの表現によって限定される the（後方照応の the）で，訳しません。

(3) His ambition $_{(S)}$ (to become president) is likely to be realized $_{(V)}$.

社長になるという彼の念願は達成される可能性が高い。

> ☀ to 不定詞句 to become $_{(V)}$ president $_{(C)}$ が主語を修飾しています。be realized は受動態です。

(4) Ships $_{(S)}$ (carrying toys and books) were preparing $_{(V)}$ to leave for New York.

玩具と書籍を運ぶ船はニューヨークに向けて出発する準備をしていた。

> ☀ 現在分詞句 carrying $_{(V)}$ toys and books $_{(O)}$ が主語を修飾しています。

(5) The painting $_{(S)}$ (stolen from the museum) has not been found $_{(V)}$ yet.

美術館から盗まれた絵画はまだ見つかっていない。

> ☀ 過去分詞句 stolen $_{(V)}$ from the museum $_{(副)}$ が主語を修飾しています。from the museum は前置詞句で，ここでは副詞句です。has (not) been found は受動態です。The painting の the は，後ろの表現によって限定される the（後方照応の the）で，訳しません。

(6) The amount $_{(S)}$ (of available oil on the planet) is $_{(V)}$ limited $_{(C)}$.

地球上の利用可能な石油の量は有限だ。

> ☀ 前置詞句 of available oil が主語を修飾しています。on the planet も前置詞句で，ここでは形容詞句です。The amount の the は，後ろの表現によって限定される the（後方照応の the）で，訳しません。

(7) The recipe $_{(S)}$ (for this soup) is $_{(V)}$ very simple $_{(C)}$, but it $_{(S)}$'s $_{(V)}$ really delicious $_{(C)}$.

このスープのレシピはとても簡単だが，本当においしい。

> ☀ 前置詞句 for this soup が主語を修飾しています。The recipe の the は，後ろの表現によって限定される the（後方照応の the）で，訳しません。

(8) One way $_{(S)}$ (to improve your English) is $_{(V)}$ to read as many English books as you can $_{(C)}$.

（あなたの）英語を改善するひとつの方法はできるだけ多くの英語の本を読むことだ。

> ☀ to 不定詞句 to improve $_{(V)}$ your English $_{(O)}$ が主語を修飾しています。to read $_{(V)}$ as many English books $_{(O)}$ as you can は to 不定詞の名詞的用法です。

(9) Most $_{(S)}$ (of the bacteria living in the human body) don't do $_{(V)}$ us $_{(O_1)}$ any harm $_{(O_2)}$.

人間の体内に住んでいるバクテリアの大半は私たちに少しも害を与えない。

> ☀ 前置詞句 of the bacteria が主語を修飾し，現在分詞句 living $_{(V)}$ in the human body $_{(副)}$ が the bacteria を修飾しています。

(10) The official statement _(S) (made by the president) shocked_(V) the entire nation_(O).

大統領によってなされた（その）公式声明は全国民をぎょっとさせた。

> ☀ 過去分詞句 made_(V) by the president_(副) が主語を修飾しています。

第15講 S（関係代名詞節）V

（問題 p.66 〜 69）

EXERCISES A

1 問題 p.66 を参照。

2 (1) The boy _(S) (who is dancing on the stage) is_(V) my son_(C).

舞台で踊っている男の子は（私の）息子だ。

> ☀ 関係代名詞節 who_(S) is dancing_(V) on the stage_(副) が主語を説明しています。前置詞句は多くの場合，「前の名詞を修飾する形容詞句」か「名詞以外（主に動詞）を修飾する副詞句」になります。on the stage は前置詞句で，ここでは副詞句です。The boy の the は，後ろの表現によって限定される the（後方照応の the）で，訳しません。

(2) The mountain _(S) (whose top we can see from here) is_(V) Mt. Everest_(C).

私たちがここから頂上を見ることができる山はエベレストだ。

> ☀ 関係代名詞節 whose top_(O) we_(S) can see_(V) from here_(副) が主語を説明しています。from here は前置詞句で，ここでは副詞句です。The mountain の the は，後ろの表現によって限定される the（後方照応の the）で，訳しません。

(3) The bakery _(S) (that Makiko found) was_(V) closed_(C).

マキコが見つけたパン屋は閉まっていた。

> ☀ 関係代名詞節 that_(O) Makiko_(S) found_(V) が主語を説明しています。The bakery の the は，後ろの表現によって限定される the（後方照応の the）で，訳しません。

(4) Everything _(S) (he says) is_(V) a lie_(C).

彼が言うすべてのことは嘘だ。

> ☀ 関係代名詞節 that_(O) he_(S) says_(V) が主語を説明しています（that は省略されています）。

(5) The library _(S) (in which Aika studies) is_(V) near the station.

アイカが勉強する図書館は駅の近くにある。

> ☀ 関係代名詞節 in which_(副) Aika_(S) studies_(V) が主語を説明しています。in which は前置詞句で，ここでは副詞句です。The library の the は，後ろの表現によって限定される the（後方照応の the）で，訳しません。

EXERCISES B

(1) The woman _(S) (who lives upstairs) is_(V) noisy_(C).

上の階に住んでいる女性は騒がしい。

> ☀ 関係代名詞節 who_(S) lives_(V) upstairs_(副) が主語を説明しています。The woman の the は，後ろの表現によって限定される the（後方照応の the）で，訳しません。

(2) The person (S) (whose opinions I respect most) is (V) my mother (C).

私が意見を最も尊重する人は（私の）母だ。

> ☀ 関係代名詞節 whose opinions (O) I (S) respect (V) most (副) が主語を説明しています。The person の the は, 後ろの表現によって限定される the（後方照応の the）で, 訳しません。

(3) The grief (S) (that I underwent) was (V) beyond description (C).

私が経験した深い悲しみは言葉では言い表せなかった。

> ☀ 関係代名詞節 that (O) I (S) underwent (V) が主語を説明しています。The grief の the は, 後ろの表現によって限定される the（後方照応の the）で, 訳しません。

(4) The biggest challenge (S) (the world faces today) is (V) poverty (C).

今日世界が直面する最大の課題は貧困だ。

> ☀ 関係代名詞節 that (O) the world (S) faces (V) today (副) が主語を説明しています（that は省略されています）。The biggest challenge の the は, 後ろの表現によって限定される the（後方照応の the）で, 訳しません。

(5) The conditions (S) (under which the laborers work) are (V) very bad (C) in that country.

（その）労働者が働いている条件はその国では非常に悪い。

> ☀ 関係代名詞節 under which (副) the laborers (S) work (V) が主語を説明しています。under which は前置詞句で, ここでは副詞句です。The conditions の the は, 後ろの表現によって限定される the（後方照応の the）で, 訳しません。

(6) The firm (S) (that makes Tabasco) is (V) a family run company (C).

タバスコを作っている会社は家族経営の会社だ。

> ☀ 関係代名詞節 that (S) makes (V) Tabasco (O) が主語を説明しています。The firm の the は, 後ろの表現によって限定される the（後方照応の the）で, 訳しません。

(7) The man (S) (whose car was stolen) called (V) the police (O).

車を盗まれた男は警察に電話した。

> ☀ 関係代名詞節 whose car (S) was stolen (V) が主語を説明しています。The man の the は, 後ろの表現によって限定される the（後方照応の the）で, 訳しません。

(8) The girl (S) (whom Hiroshi is going to marry) is (V) my best friend (C).

ヒロシが結婚する予定の女性は私の親友だ。

> ☀ 関係代名詞節 whom (O) Hiroshi (S) is going to marry (V) が主語を説明しています。The girl の the は, 後ろの表現によって限定される the（後方照応の the）で, 訳しません。

(9) The rice (S) (I bought at the local shop) tastes (V) good (C) for its price.

私が地元の店で買った米は（その）値段の割には美味しい。

> ☀ 関係代名詞節 that (O) I (S) bought (V) at the local shop (副) が主語を説明しています（that は省略されています）。at the local shop は前置詞句で, ここでは副詞句です。The rice の the は, 後ろの表現によって限定される the（後方照応の the）で, 訳しません。

(10) The woman (S) (with whom John fell in love) left (V) him (O) after a few months.

ジョンが恋をした女性は数か月後に彼から離れた。

> ☀ 関係代名詞節 with whom (副) John (S) fell (V) in love が主語を説明しています。with whom は前置詞句で，ここでは副詞句です。The woman の the は，後ろの表現によって限定される the（後方照応の the）で，訳しません。

総合問題 ① (問題 p.72 ～ 75)

1

(1) $\boxed{\text{Wet wood}}_{(S)}$ $\underline{\text{doesn't burn}}_{(V)}$ easily.

湿った木材は簡単には燃えない。

> ☀ 第1文型（第1講）。doesn't は does not の縮約［短縮］形です。

(2) $\boxed{\text{Gold}}_{(S)}$ $\underline{\text{is}}_{(V)}$ a very heavy metal$_{(C)}$.

金は非常に重い金属だ。

> ☀ 第2文型（第2講）。

(3) $\boxed{\text{I}}_{(S)}$ $\underline{\text{saw}}_{(V)}$ a strange girl with long hair$_{(O)}$ in the park.

私は公園で長い髪の見知らぬ少女を見た。

> ☀ 第3文型（第3講）。前置詞句は多くの場合，「前の名詞を修飾する形容詞句」か「名詞以外（主に動詞）を修飾する副詞句」になります。with long hair は前置詞句で，ここでは形容詞句です。in the park も前置詞句ですが，こちらは副詞句です。

(4) $\boxed{\text{We}}_{(S)}$ $\underline{\text{will discuss}}_{(V)}$ global warming$_{(O)}$ next week.

私たちは来週，地球温暖化について話し合うつもりだ。

> ☀ 第3文型（第4講）。ここでの next week は副詞扱いです。

(5) Do $\boxed{\text{you}}_{(S)}$ $\underline{\text{know}}_{(V)}$ how important health is$_{(O)}$?

あなたは，健康がどれほど重要であるかをわかっているか。

> ☀ 第3文型（第5講）。また，how important$_{(C)}$ health$_{(S)}$ is$_{(V)}$ は第2文型です。

(6) $\boxed{\text{A police officer}}_{(S)}$ $\underline{\text{gave}}_{(V)}$ $\underline{\text{him}}_{(O_1)}$ a ticket for speeding$_{(O_2)}$.

警察官は彼にスピード違反の切符を手渡した。

> ☀ 第4文型（第7講）。for speeding は前置詞句で，ここでは形容詞句です。

(7) $\boxed{\text{Science and technology}}_{(S)}$ $\underline{\text{make}}_{(V)}$ our modern life$_{(O)}$ possible$_{(C)}$.

科学技術は（私たちの）現代的な生活を可能にする。

> ☀ 第5文型（第8講）。

(8) $\boxed{\text{Watching videos on YouTube}}_{(S)}$ $\underline{\text{is}}_{(V)}$ my favorite pastime$_{(C)}$.

ユーチューブで動画を見ることは（私の）一番好きな気晴らしだ。

> ☀ 動名詞句 Watching$_{(V)}$ videos$_{(O)}$ on YouTube$_{(副)}$ が主語（第10講）。on YouTube は前置詞句で，ここでは副詞句です。形容詞句と見て「ユーチューブの動画を見ることは…」のように訳しても構いません。

(9) $\boxed{\text{It}}_{(形式S)}$ $\underline{\text{is}}_{(V)}$ necessary$_{(C)}$ $\boxed{\text{to be a good reader}}_{(真のS)}$.

良い読者である［になる］ことが必要だ。

> ☀ It が形式主語で，to be$_{(V)}$ a good reader$_{(C)}$ が真の主語（第12講）。

(10) The shortage (S) (of hospital workers) is(V) a serious problem(C).
　　 医療従事者の不足は深刻な問題だ。

> ☀ of hospital workers は主語を修飾する前置詞句（第14講）。The shortage の the は，後ろの表現によって限定される the（後方照応の the）で，訳しません。

 ②

(1) Betty(S) gave(V) Carl(O₁) a present(O₂) yesterday.
　　 ベティは昨日カールにプレゼントをあげた。

> ☀ 第4文型（第7講）。

(2) Seen from the outside, the room(S) looks(V) empty(C).
　　 外から見ると，その部屋は空いているように見える。

> ☀ 文頭に副詞句（分詞構文）があるパターン（第13講）。from the outside は前置詞句で，ここでは副詞句です。

(3) The company(S) should reduce(V) its running costs(O).
　　 （その）会社は（その）維持費を減らすべきだ。

> ☀ 第3文型（第3講）。

(4) When I was a child, I(S) played(V) the violin(O).
　　 子どもの頃，私はバイオリンを弾いた。

> ☀ 文頭に副詞節 When(接) I(S) was(V) a child(C) があるパターン（第13講）。

(5) It(形式S) is(V) clear(C) that Nancy loves Tommy(真のS).
　　 ナンシーがトミーを愛しているのは明らかだ。

> ☀ It は形式主語で，that(接) Nancy(S) loves(V) Tommy(O) が真の主語（第12講）。

(6) This rainy season(S) makes(V) me(O) blue(C).
　　 この雨の季節は私を憂鬱にする。

> ☀ 第5文型（第8講）。「この雨の季節には私は憂鬱になる」のように訳しても構いません。

(7) The price(S) (of the book) has risen(V) recently.
　　 その本の価格は最近上昇した。

> ☀ of the book は主語を修飾する前置詞句（第14講）。The price の the は，後ろの表現によって限定される the（後方照応の the）で，訳しません。

(8) In Japan, people(S) regard(V) punctuality(O) as a matter of course.
　　 日本では，人びとは時間厳守を当然のことだと考えている。

> ☀ 文頭に副詞句（前置詞句）があるパターン（第13講）。

(9) My watch(S) has stopped(V) working(O).
　　 私の腕時計は機能するのをやめた。

> ☀ 第3文型（第5講）。

(10) The woman ₍ₛ₎ (sitting opposite me on the train) is₍ᵥ₎ my aunt₍c₎.

電車で私の向かい側に座っている女性は（私の）おばです。

> ☀ sitting₍ᵥ₎ opposite me₍副₎ on the train₍副₎ は主語を修飾する現在分詞（第14講）。opposite me と on the train は前置詞句で，ここでは共に副詞句です。The woman の the は，後ろの表現によって限定される the（後方照応の the）で，訳しません。

総合問題 ②

(問題 p.76 〜 79)

(1) That man ₍ₛ₎ owns₍ᵥ₎ this large building₍o₎.

その［あの］男はこの大きな建物を所有している。

> ☀ 第3文型（第3講）。

(2) We ₍ₛ₎ enjoyed₍ᵥ₎ watching the rugby game₍o₎.

私たちは（その）ラグビーの試合を見るのを楽しんだ。

> ☀ 第3文型（第5講）。動名詞句 watching₍ᵥ₎ the rugby game₍o₎ が目的語。

(3) The people ₍ₛ₎ deprived₍ᵥ₎ the king₍o₎ of his wealth and power.

（その）人々は（その）王から（彼の）富と権力を奪った。

> ☀ deprive A of B で「A から B を奪う」（第6講）。

(4) They ₍ₛ₎ named₍ᵥ₎ their first child₍o₎ Naoki₍c₎.

彼らは（彼らの）最初の子どもをナオキと名付けた。

> ☀ 第5文型（第8講）。

(5) My parents ₍ₛ₎ don't let₍ᵥ₎ me₍o₎ drive in the rain₍準動詞句₎.

（私の）両親は私が雨の中で運転することを許可しない。

> ☀ let O (V)₍原形₎ で「O が V するのを許可する」（第9講）。前置詞句は多くの場合，「前の名詞を修飾する形容詞句」か「名詞以外（主に動詞）を修飾する副詞句」になります。in the rain は前置詞句で，ここでは副詞句です。

(6) What I want to say ₍ₛ₎ is₍ᵥ₎ that grammar is very useful₍c₎.

私が言いたいことは，文法はとても役に立つ（という）ことだ。

> ☀ 名詞節 What₍o₎ I₍ₛ₎ want to say₍ᵥ₎ が主語（第11講）。that₍接₎ grammar₍ₛ₎ is₍ᵥ₎ very useful₍c₎ が補語になっています。

> 生徒の答案 「私が言いたいことは，その文法はすごい役立つことだ」
> 解説 ここでの that は接続詞なので，「その」と訳してはいけません。また，「すごい」は形容詞なので形容詞「役立つ」を修飾することはできません（副詞「すごく」なら可）。

(7) It ₍形式S₎ is₍ᵥ₎ not surprising₍c₎ that Ayaka is interested in bonsai ₍真のS₎.

アヤカが盆栽に興味を持っていることは驚きではない。

> ☀ It は形式主語で，that₍接₎ Ayaka₍ₛ₎ is₍ᵥ₎ interested₍c₎ in bonsai が真の主語（第12講）。

(8) When she heard the news, she(S) remembered(V) her school days(O).

（その）ニュースを聞いたとき，彼女は（彼女の［自分の］）学生時代のことを思い出した。

> ☀ 文頭に副詞節 When(副) she(S) heard(V) the news(O) があるパターン（第 13 講）。

(9) The ability(S) (to think logically) is(V) very important(C) for students.

論理的に考える能力は学生にとってとても重要だ。

> ☀ to think(V) logically(副) は主語を修飾する不定詞（第 14 講）。for students は前置詞句で，ここでは副詞句です。The ability の the は，後ろの表現によって限定される the（後方照応の the）で，訳しません。

(10) The road(S) (that leads to the factory) is(V) narrow(C).

工場につながる道は狭い。

> ☀ that(S) leads(V) to the factory(副) は主語を修飾する関係代名詞節（第 15 講）。to the factory は前置詞句で，ここでは副詞句です。The road の the は，後ろの表現によって限定される the（後方照応の the）で，訳しません。

 2

(1) It(形式S) is(V) very difficult(C) to keep up with the latest fashions(真のS).

最新のファッションについていくのは非常に難しい。

> ☀ It は形式主語で，to 以下が真の主語（第 12 講）。

(2) Last year my parents(S) spent(V) their vacation(O) in New Zealand.

昨年（私の）両親はニュージーランドで（彼らの）休暇を過ごした。

> ☀ 文頭に副詞があるパターン（第 13 講）。in New Zealand は前置詞句で，ここでは副詞句です。

(3) The building(S) (with the red roof) is(V) our school(C).

（その）赤い屋根の建物は私たちの学校だ。

> ☀ with the red roof は主語を修飾する前置詞句（第 14 講）。The building の the は，後ろの表現によって限定される the（後方照応の the）で，訳しません。

(4) Natasha(S) gave(V) me(O1) 500 dollars(O2) in exchange for the painting.

ナターシャは（その）絵と交換に，私に 500 ドルくれた。

> ☀ 第 4 文型（第 7 講）。

(5) Many spectators(S) found(V) the game(O) exciting(C).

多くの観客は（その）試合を刺激的だと思った。

> ☀ 第 5 文型（第 8 講）。

(6) After graduating, I(S) practiced(V) medicine(O) for four years in London.

卒業した後で，私はロンドンで 4 年間医業を営んだ。

> ☀ 文頭に副詞句があるパターン（第 13 講）。

(7) What Jane said(S) made(V) us(O) very angry(C).

ジェーンが言ったことは私たちを激怒させた。

> ☀ 名詞節 What(O) Jane(S) said(V) が主語（第 11 講）。

(8) In the end, they(S) decided(V) to buy a new house(O).

ついに，彼らは新しい家を買うことを決断した。

> ☀ 主語の前に副詞句があるパターン（第 13 講）。

(9) The person(S) (they met yesterday) is(V) a friend of mine(C).

彼らが昨日会った人は私の友人のひとりだ。

> ☀ they met yesterday は主語を説明する関係代名詞節（第 15 講）。The person の the は，後ろの表現によって限定される the（後方照応の the）で，訳しません。

(10) As soon as he came home, George(S) took(V) a shower(O).

帰宅してすぐに，ジョージはシャワーを浴びた。

> ☀ 文頭に副詞節 As soon as(接) he(S) came(V) home(副) があるパターン（第 13 講）。

総合問題 ③

(問題 p.80 〜 83)

(1) Mina(S) sleeps(V) with stuffed bears every night.

ミナは毎晩クマのぬいぐるみと寝る。

> ☀ 第 1 文型（第 1 講）。前置詞句は多くの場合，「前の名詞を修飾する形容詞句」か「名詞以外（主に動詞）を修飾する副詞句」になります。with stuffed bears は前置詞句で，ここでは副詞句です。

(2) I(S) will never forgive(V) you(O).

私は決してあなたを許さないだろう。

> ☀ 第 3 文型（第 3 講）。

(3) Mr. Ueda(S) mentioned(V) a classic movie(O) in his lecture.

ウエダ氏は（彼の）講義で古典映画に言及した。

> ☀ 第 3 文型（第 4 講）。in his lecture は前置詞句で，ここでは副詞句です。

(4) My son(S) sometimes asks(V) whether a whale is a fish(O).

（私の）息子は時々，クジラは魚であるかどうかを尋ねる。

> ☀ 第 3 文型（第 5 講）。whether(接) a whale(S) is(V) a fish(C) が目的語になっています。

(5) My mother(S) bought(V) me(O₁) a nice dress(O₂).

（私の）母は私に素敵なドレスを買ってくれた。

> ☀ 第 4 文型（第 7 講）。

(6) You(S) will find(V) the weather(O) very hot(C) in Brazil.

あなたはブラジルの気候をとても暑いと思うだろう。

> ☀ 第 5 文型（第 8 講）。in Brazil は前置詞句で，ここでは名詞 the weather を修飾する形容詞句です（直前の名詞ではなく，離れた前の名詞を修飾することがあります）。in Brazil を副詞句と見て，「ブラジルでは気候を…」のように訳しても構いません。

(7) Have you(S) ever seen(V) a chair(O) thrown through a window(準動詞句)?

あなたは今までにいすが窓から投げ出されるのを見たことがあるか。

> ☀ see O Vp.p. で「O が V されるのを見る」(第9講)。through a window は前置詞句で, ここでは副詞句です。

(8) When Socrates was born(S) is(V) not clear(C).

いつソクラテスが生まれたのかは明らかではない。

> ☀ 名詞節 When(副) Socrates(S) was born(V) が主語になっています (第11講)。

(9) The heavy snow(S) made(V) it(形式O) very hard(C) to visit the village(真のO).

(その) 大雪は (その) 村を訪問することを非常に困難にした。

> ☀ 第5文型 (第8講)。it は形式目的語で, to 以下が真の目的語 (第12講)。to visit(V) the village(O) は第3文型です。「(その) 大雪のため, 村を訪問することは非常に困難になった」と訳しても構いません。

(10) The boy(S) (who I see on the train every day) looks(V) very cool(C).

毎日電車で見る少年はとてもかっこよく見える。

> ☀ who(O) I(S) see(V) on the train(副) every day(副) は主語を修飾する関係詞節 (第15講)。目的格の関係代名詞は本来 whom ですが, この英文のように who になることがあります。on the train は前置詞句で, ここでは副詞句です。The boy の the は, 後ろの表現によって限定される the (後方照応の the) で, 訳しません。

(1) Unlike clothing, jewelry trends(S) do not change(V) rapidly.

衣類とは違って, 宝石類の流行は急速には変わらない。

> ☀ 文頭に副詞句 (前置詞句) があるパターン (第13講)。

(2) It(形式S) is(V) not my duty(C) to carry out such an unrealistic plan(真のS).

そのような非現実的な計画を実行することは私の義務ではない。

> ☀ It は形式主語で, to 以下が真の主語 (第12講)。

(3) One(S) (of the toys I bought for my son) was(V) damaged(C).

私が (私の) 息子に買ったおもちゃのひとつは傷ついていた。

> ☀ of the toys は主語を修飾する前置詞句 (第14講), I bought for my son は the toys を修飾する関係代名詞節 (第15講)。the toys の the は, 後ろの表現によって限定される the (後方照応の the) で, 訳しません。

(4) He(S) found(V) it(形式O) hard(C) to change his way of life(真のO).

彼は (彼の [自分の]) 生活様式を変えることは難しいと思った。

> ☀ it は形式目的語で, to 以下が真の目的語 (第12講)。of life は前置詞句で, ここでは形容詞句です。

(5) If you're too busy, frozen vegetables(S) can save(V) your time(O).

忙しすぎる場合, 冷凍野菜は (あなたの) 時間を節約することができる。

> ☀ 文頭に副詞節 If(接) you(S)'re(V) too busy(C) があるパターン (第13講)。

(6) He (S) told (V) me (O₁) that his mother was very sick last week (O₂).
彼は私に，彼の母親が先週とても具合が悪かったと話した。

> ☀ 第4文型（第7講）。that (接) his mother (S) was (V) very sick (C) last week (副) が直接目的語になっています。

(7) The theory (S) (he created 100 years ago) holds (V) true (C) even now.
彼が 100 年前に生み出した理論は今でさえも有効である。

> ☀ he created 100 years ago は主語を修飾する関係代名詞節（第 15 講）。The theory の the は，後ろの表現によって限定される the（後方照応の the）で，訳しません。

(8) David (S) needs (V) to finish his homework by the end of the week (O).
デイビッドは週の終わりまでに（彼の）宿題を終える必要がある。

> ☀ 第3文型（第5講）。to finish (V) his homework (O) by the end of the week (副) が目的語になっています。by the end of the week は前置詞句で，ここでは副詞句です。

(9) My brother (S) dislikes (V) hard work (O), but he (S) is (V) very competent (C).
（私の）兄［弟］は重労働が嫌いであるが，彼は非常に有能だ。

> ☀ 第1文が第3文型（第4講）で，第2文が第2文型（第2講）。

(10) Visiting a foreign country (S) opens (V) your eyes (O) and broadens (V) your horizons (O).
外国を訪問することは（あなたの）眼を開かせ，（あなたの）視野を広げる。

> ☀ 動名詞句 Visiting (V) a foreign country (O) が主語（第 10 講）。

総合問題 ④

(問題 p.84 ～ 87)

(1) I (S) want (V) a ticket to the World Cup final (O).
私はワールドカップ決勝のチケットがほしい。

> ☀ 第3文型（第4講）。前置詞句は多くの場合，「前の名詞を修飾する形容詞句」か「名詞以外（主に動詞）を修飾する副詞句」になります。to the World Cup final は前置詞句で，ここでは形容詞句です。

(2) Philosophers (S) try (V) to answer difficult questions about life (O).
哲学者は人生についての難問に答えようとする。

> ☀ 第3文型（第5講）。to answer (V) difficult questions about life (O) が目的語になっています。about life は前置詞句で，ここでは形容詞句です。

(3) Most people (S) long (V) for peace and safety in the world.
たいていの人は世界の平和と安全を切望する。

> ☀ in the world は前置詞句で，ここでは形容詞句です。

(4) You (S) had better keep (V) this document (O) a secret (C).
あなたはこの文書を秘密にしておくほうがよい。

> ☀ 第5文型（第8講）。

(5) I_(S) want_(V) you_(O) to make the right decision_(準動詞句).

私はあなたに正しい決断をしてほしいと願っている。

> ☀ want O to (V)_{原形}で「O に V してほしいと願っている」（第9講）。the right decision の the は，「対立の the」と呼ばれるもので，訳しません。

(6) To make a plan_(S) is_(V) easy_(C), but to carry it out_(S) is_(V) difficult_(C).

計画を立てることは簡単だが，それを実行することは難しい。

> ☀ to 不定詞句 To make_(V) a plan_(O) と to carry_(V) it_(O) out が主語（第10講）。

(7) It_(形式S) is believed_(V) by many people that pets go to Rainbow Bridge after death_(真のS).

ペットは死後，虹の橋に行くと多くの人に信じられている。

> ☀ It は形式主語で，that_(接) pets_(S) go_(V) to Rainbow Bridge_(副) after death_(副) が真の主語（第12講）。by many people, to Rainbow Bridge, after death は前置詞句で，ここではいずれも副詞句です。

(8) In the morning, Carlos_(S) left_(V) for Lebanon.

朝に，カルロスはレバノンに向けて旅立った。

> ☀ 文頭に副詞句（前置詞句）があるパターン（第13講）。for Lebanon は前置詞句で，ここでは副詞句です。

(9) The woman_(S) (having lunch at the next table) is_(V) a vet_(C).

となりのテーブルで昼食を食べている女性は獣医だ。

> ☀ having_(V) lunch_(O) at the next table_(副) は主語を説明する現在分詞句（第14講）。at the next table は前置詞句で，ここでは副詞句です。The woman の the は，後ろの表現によって限定される the（後方照応の the）で，訳しません。また，the next table の the は，話し手と聞き手が共有している知識から特定できることを示していて，訳しません。

(10) The baby_(S) (whose name was called by his parents) looked_(V) happy_(C).

（彼の）両親に名前を呼ばれた赤ちゃんは幸せそうに見えた。

> ☀ whose name_(S) was called_(V) by his parents は主語を説明する関係代名詞節（第15講）。The baby の the は，後ろの表現によって限定される the（後方照応の the）で，訳しません。

 2

(1) Anxiety_(S) (about his safety) has deprived_(V) me_(O) of my appetite.

彼の安全についての不安は私から（私の）食欲を奪った。

> ☀ about his safety は主語を説明する前置詞句（第14講）。

(2) I_(S) don't know_(V) where I am_(O). I_(S) might have lost_(V) my way_(O).

私がどこにいるのかわからない。道に迷ったかもしれない。

> ☀ 名詞節 where_(副) I_(S) am_(V) が目的語の第3文型（第5講）。may [might] have Vp.p. で「V したかもしれない」。

(3) The police officer_(S) found_(V) the lost three-year-old child_(O) on a busy street.

警察官はにぎやかな通りで行方不明の（その）3歳児を発見した。

> ☀ 第3文型（第3講）。on a busy street は前置詞句で，ここでは副詞句です。

(4) [You]$_{(S)}$ will miss$_{(V)}$ your train to Nagoya$_{(O)}$. *If the bus arrives late,*

もし（その）バスが遅れて到着したら，あなたは名古屋行きの（あなたの）電車に乗り遅れるだろう。

> ☀ 文頭に副詞節 If$_{(接)}$ the bus$_{(S)}$ arrives$_{(V)}$ late$_{(副)}$ があるパターン（第 13 講）。to Nagoya は前置詞句で，ここでは形容詞句です。

(5) [Calcium]$_{(S)}$ is$_{(V)}$ necessary$_{(C)}$ for the development of strong bones.

カルシウムは強い骨の発達のために必要だ。

> ☀ 第 2 文型（第 2 講）。for the development は前置詞句で，ここでは副詞句です。of strong bones も前置詞句ですが，こちらは形容詞句です。the development の the は，後ろの表現によって限定される the（後方照応の the）で，訳しません。

(6) [I]$_{(S)}$ 've never had$_{(V)}$ a thing$_{(O)}$ said like that to me in my life$_{(準動詞句)}$.

私は（私の）人生において，自分に対してそのようなことを言われたことはない。

> ☀ have O Vp.p. で「O をされる」（第 9 講）。like that は前置詞句で，ここでは前の名詞 a thing を修飾する形容詞句です（直前の名詞ではなく，離れた前の名詞を修飾することがあります）。to me と in my life も前置詞句ですが，こちらは副詞句です。

(7) [They]$_{(S)}$ argue$_{(V)}$ that improvements in health care are needed$_{(O)}$.

彼らは健康管理の改善が必要とされていると主張する。

> ☀ 名詞節 that$_{(接)}$ improvements$_{(S)}$ (in health care) are needed$_{(V)}$ が目的語の第 3 文型（第 5 講）。in health care は前置詞句で，ここでは形容詞句です。

(8) [The new rules]$_{(S)}$ (at the museum) prohibited$_{(V)}$ visitors$_{(O)}$ from smoking in the building.

博物館の新しい規則は訪問者が（その）建物内で喫煙するのを禁じた。

> ☀ at the museum は主語を修飾する前置詞句（第 14 講）。in the building は前置詞句で，ここでは副詞句です。The new rules の the は，後ろの表現によって限定される the（後方照応の the）で，訳しません。

(9) [The pizza]$_{(S)}$ (we ordered) will be delivered$_{(V)}$ immediately.

私たちが注文したピザはすぐに配達される。

> ☀ we ordered は主語を修飾する関係詞節（第 15 講）。The pizza の the は，後ろの表現によって限定される the（後方照応の the）で，訳しません。

(10) [This software]$_{(S)}$ makes$_{(V)}$ it$_{(形式O)}$ possible$_{(C)}$ to calculate the costs quickly$_{(真のO)}$.

このソフトウェアは素早く（その）経費を計算することを可能にする。

> ☀ it は形式目的語で，to calculate$_{(V)}$ the costs$_{(O)}$ quickly$_{(副)}$ が真の目的語（第 12 講）。

総合問題 ⑤

（問題 p.88 〜 91）

(1) [These leaves]$_{(S)}$ turn$_{(V)}$ yellow$_{(C)}$ in autumn.

これらの葉は秋に黄色になる。

> ☀ 第 2 文型（第 2 講）。前置詞句は多くの場合，「前の名詞を修飾する形容詞句」か「名詞以外（主に動詞）を修飾する副詞句」になります。in autumn は前置詞句で，ここでは副詞句です。

(2) She (S) couldn't stand (V) the noise from outside (O).

彼女は外からの騒音を我慢できなかった。

> ☀ 第3文型（第3講）。from outside は前置詞句で，ここでは形容詞句です。the noise の the は，後ろの表現によって限定される the（後方照応の the）で，訳しません。

(3) We (S) think of (V) Kazu (O) as one of the best soccer players in the world.

私たちはカズを世界で最も優秀なサッカー選手のひとりだと考えている。

> ☀ think of A as B で「A を B だと考える」（第6講）。of the best soccer players は前置詞句で，ここでは形容詞句です。in the world も前置詞句ですが，こちらはここでは副詞句です。

(4) Masahiko (S) asked (V) us (O₁) if we supported his plan (O₂).

マサヒコは私たちに，（彼の［自分の］）計画を支持しているかどうか尋ねた。

> ☀ 第4文型（第7講）。if (接) we (S) supported (V) his plan (O) が直接目的語になっています。

(5) I (S) had (V) my purse (O) stolen on the train last night (準動詞句).

私は昨夜電車で（私の）財布を盗まれた。

> ☀ have O Vp.p. で「O を V される」（第9講）。on the train は前置詞句で，ここでは副詞句です。

(6) Drinking alcohol (S) can make (V) you (O) unhealthy (C).

アルコールを飲むことはあなたを不健康にする可能性がある。

> ☀ 動名詞句 Drinking (V) alcohol (O) が主語（第10講）。

(7) That you are studying English now (S) is (V) wonderful (C).

あなた（がた）が今英語を勉強していることは素晴らしい。

> ☀ 名詞節 That (接) you (S) are studying (V) English (O) now が主語（第11講）。

(8) It (形式S) is (V) impossible (C) for Tom to complete the mission (真のS).

トムが（その）任務を完了することは不可能だ。

> ☀ It は形式主語で，for Tom to complete (V) the mission (O) が真の主語（第12講）。for Tom は to 不定詞の意味上の主語です。

(9) Walking around in the park this morning, I (S) found (V) abandoned kittens (O).

今朝公園の中を歩き回っていて，私は捨てられた子ネコを見つけた。

> ☀ 文頭に分詞構文 Walking (V) around (副) in the park (副) this morning (副) があるパターン（第13講）。in the park は前置詞句で，ここでは副詞句です。

(10) The man (S) (to whom Seira is talking) is (V) our new teacher (C).

セイラが話している男性は（私たちの）新しい先生だ。

> ☀ to whom (副) Seira (S) is talking (V) は主語を説明する関係代名詞節（第15講）。The man の the は，後ろの表現によって限定される the（後方照応の the）で，訳しません。

2

(1) I (S) foolishly wasted (V) my precious free time (O) on a stupid movie last night.

私は愚かにも昨夜，くだらない映画で（私の）貴重な自由時間を無駄にしてしまった。

> ☀ 第3文型（第4講）。last night は副詞扱いです。

(2) The number(S) (of people suffering from cancer) has been increasing(V).

ガンに苦しむ人の数は増加している。

> ☀ of people は主語を修飾する前置詞句（第14講）。suffering(V) from cancer(副) は people を修飾する現在分詞句です。The number の the は，後ろの表現によって限定される the（後方照応の the）で，訳しません。

(3) On my way home I(S) saw(V) the road(O) blocked with fallen trees(準動詞句).

帰宅途中で，私は（その）道が倒木でふさがれているのを見た。

> ☀ 文頭に副詞句(前置詞句)があるパターン(第13講)。with fallen trees は前置詞句で，ここでは副詞句です。

(4) People(S) (who are always exposed to dust) may suffer(V) from breathing difficulties.

常にほこりにさらされている人は呼吸困難に苦しむかもしれない。

> ☀ who(S) are always exposed(V) to dust(副) は主語を説明する関係代名詞節（第15講）。

(5) It(形式S) is(V) our job as teachers(C) to point out our students' mistakes(真のS).

（私たちの）生徒の間違いを指摘することは教師としての私たちの仕事だ。

> ☀ It は形式主語で to 以下が真の主語（第12講）。as teachers は前置詞句で，ここでは形容詞句です。our students' は our students（複数形）の所有格です。

(6) She(S) is working(V) energetically to rebuild her father's enterprise.

彼女は（彼女の）父の事業を再建するために精力的に働いている。

> ☀ 第1文型（第1講）。to rebuild(V) her father's enterprise(O) は to 不定詞の副詞的用法です。

(7) In the past decades, scientific knowledge(S) has advanced(V) greatly.

過去数十年間で，科学の知識は大いに前進した。

> ☀ 文頭に副詞句（前置詞句）があるパターン（第13講）。has advanced は現在完了形で，「…した，してきた」などと訳します。

(8) Being careful about what you eat(S) is(V) not easy(C) but important(C).

食べるものに気を付けることは簡単ではないが重要だ。

> ☀ 動名詞句 Being(V) careful(C) about what you eat が主語の文(第10講)。ここでの you は「総称の you」で，訳しません。

(9) What seems easy at first(S) often turns out to be(V) difficult(C).

最初は簡単に思えることがしばしば困難だと判明する。

> ☀ 名詞節 What(S) seems(V) easy(C) at first(副) が主語（第11講）。

(10) Although we were not really hungry, the beef stew(S) (Ann had cooked) smelled(V) delicious(C).

私たちはそれほど空腹ではなかったが，アンが作ったビーフシチューはおいしいにおいがした。

> ☀ 文頭に副詞節 Although(接) we(S) were(V) not really hungry(C) があるパターン（第13講）。Ann had cooked は主語を修飾する関係代名詞節（第15講）。had cooked は過去完了形です。the beef stew の the は，後ろの表現によって限定される the（後方照応の the）で，訳しません。